TARIF

POUR LE

CUBAGE DES BOIS

PAR

A. D'ARBOIS DE JUBAINVILLE

SOUS-INSPECTEUR DES FORÊTS.

VALENCIENNES	PARIS
LIBRAIRIE G. GIARD	LIBRAIRIE F. SAVY
Place d'Armes, 49	24, rue Hautefeuille

1872

603.
1872.

30510

TARIF

POUR LE CUBAGE DES BOIS

Valenciennes. Imp. G. GIARD et SEULIN, rue Ferrand, 5.

TARIF

POUR LE

CUBAGE DES BOIS

PAR

A. D'ARBOIS DE JUBAINVILLE

SOUS-INSPECTEUR DES FORÊTS.

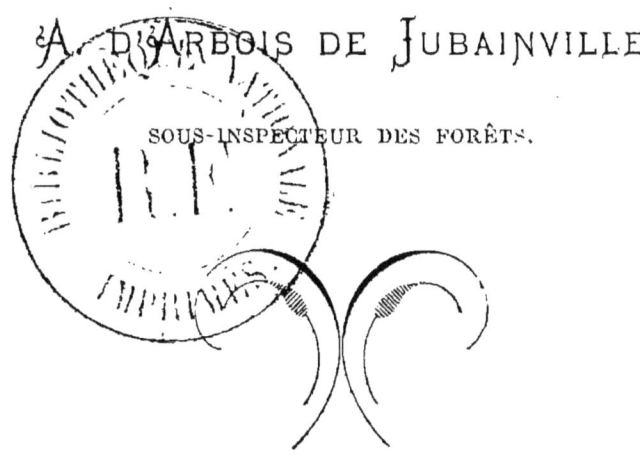

VALENCIENNES	PARIS
LIBRAIRIE G. GIARD	LIBRAIRIE F. SAVY
Place d'Armes, 49	24, rue Hautefeuille

1872

CHAPITRE PREMIER

Cubage des bois abattus

§ I.

CUBAGE EN GRUME

Pour trouver le volume en grume d'une pièce de bois ronde, on assimile ordinairement celle-ci à un cylindre ayant la même circonférence que la pièce de bois au milieu, et la même longueur. La circonférence se mesure avec une ficelle qu'on passe sous l'arbre au moyen d'une grande aiguille en fil de fer. La portion de la ficelle qui correspond à la circonférence de l'arbre, se mesure sur un mètre en bois. Lors de ce mesurage, on n'inscrit que les centimètres pairs, en négligeant les excédants inférieurs à 1 centimètre, et en comptant pour 2 centimètres les excédants supérieurs à 1 centimètre. Dans le cas où il se trouverait un nœud au milieu de l'arbre, l'acquéreur a le droit de se retirer vers la souche pour mesurer la circonférence. Dans le mesurage des longueurs, les fractions de décimètre inférieures à 5 centimètres, sont négligées, tandis que celles supérieures à 5 centimètres comptent pour 1 décimètre. Souvent même on abandonne le décimètre impair, et alors c'est d'une manière semblable qu'on tient compte des fractions situées entre les décimètres pairs, les seuls qu'on inscrive dans ce cas.

Connaissant la circonférence au milieu et la longueur d'une pièce de bois ronde, on trouvera son volume au moyen de la table 1, de la manière suivante : Soit un arbre long de 12^{m}30 et d'une circonférence de 0^{m}28 au milieu,

		M.C.
son volume sera pour la longueur	10^m	0,062.
Id. pour la longueur	2^m	0,012.
Id. pour la longueur	0^{m}30	0,002.
Le volume total sera de		0,076.

Le cubage d'après la circonférence au milieu des arbres a l'inconvénient de ne pas donner leur volume réel ; aussi, dans le nord de la France, l'usage se répand-il de cuber les arbres en les décomposant en plusieurs billes ou cylindres qu'on mesure chacune d'après sa circonférence au milieu. Ces deux procédés donnent des résultats assez différents. Ainsi, dans la forêt domaniale de Saint-Amand exploitée en taillis sous futaie à courtes révolutions, dix chênes cubés d'après leur circonférence au milieu ont donné un volume de 38 m.c. 2 ; tandis que décomposés en billes suivant l'usage du commerce local ils ne donnaient plus qu'un volume de 34 m.c. 5. Pareillement à la sapinière de Meyriat, quinze sapins mesurés d'après leur circonférence au milieu, cubaient 25 m.c. 4 ; tandis que décomposés en billes, ils ne cubaient plus que 24 m.c. 8. D'ailleurs la forme des arbres de même essence varie suivant leur provenance. Le cubage des arbres au moyen de leur décomposition en billes est ainsi le procédé le plus rationnel, et il est à désirer qu'il se généralise. En diverses localités, l'acquéreur peut, lors de la livraison, décomposer chaque arbre en trois billes ou cylindres pour en opérer le cubage. Effectivement, c'est l'acquéreur qui profite de cette décomposition laquelle ramène à la réalité le volume ordinairement exagéré par le cubage en un cylindre unique basé sur la circonférence au milieu de l'arbre.

§ II.

CUBAGE AU QUART SANS DÉDUCTION, AU SIXIÈME DÉDUIT ET AU CINQUIÈME DÉDUIT

Ces modes de cubage étant usités en maintes localités, nous donnons la table 2, pour permettre de passer du volume en grume, au volume au quart sans déduction, au sixième déduit, au cinquième déduit et réciproquement. Expliquons sur un exemple l'usage de cette table. Supposons qu'on veuille avoir le volume au quart sans déduction, correspondant au volume en grume de 123 m.c. 4. On verra sur la table 2, qu'à 1 m.c. en grume correspond 0 m.c. 785 au quart, par suite à

	M.C. AU QUART
100 m.c. en grume correspondront..........	7 8 , 5
De même, puisqu'à 2 m.c. en grume, correspondent 1 m.c. 571 au quart; à 20 m.c. en grume, correspondront.....................	1 5 , 7 1
A 3 m.c. en grume, correspondent...........	2 , 3 5 6
A 4 m.c. en grume correspondent 3 m.c. 142 au quart, alors à 0 m.c. 4 en grume correspondra	0 , 3 1 4
Ainsi le chiffre cherché est de.....	9 6 , 8 8 0

La quantité de bois contenu dans un mètre cube varie avec le mode de cubage, suivant qu'il s'agit du cubage en grume, ou au quart sans déduction, ou au sixième déduit, ou au cinquième déduit. Par suite, le prix du mètre cube varie avec le mode de cubage employé. Ces variations de prix sont données à la table 3, dont l'emploi est analogue à celui de la table 2.

§ III.

CUBAGE EN CHEVIRON

Le cubage en cheviron est encore usité dans plusieurs forêts du nord de la France, notamment pour estimer à vue d'œil les arbres sur pied. C'est pourquoi nous avons dressé la table 4, afin de convertir en mètres cubes en grume, un volume exprimé en chevirons, et réciproquement de convertir en chevirons un volume exprimé en mètres cubes en grume. L'emploi de cette table est semblable à celui de la table 2.

La table 5 permet de passer immédiatement du prix du cheviron au prix du mètre cube en grume.

CHAPITRE SECOND

Cubage des Bois sur pied

§ I.
MESURE DU DIAMÈTRE

Pour cuber un arbre sur pied, on commence par mesurer son diamètre ou sa circonférence à 1m30 du sol, c'est-à-dire peu près à la hauteur des bras d'un homme. Le mesurage du diamètre s'effectue avec le compas forestier qui est simplement un compas de cordonnier, mais très-agrandi. Lors de ce mesurage qui a ordinairement pour but l'estimation en bloc d'un assez grand nombre d'arbres, on obtient une approximation suffisante, en n'inscrivant pour les diamètres que des mesures graduées de 5 centimètres en 5 centimètres, ou, autrement dit, multiples de 5 centimètres.

On appellera 5 centimètres pour les diamètres de 25 à 75 millimètres ;

On appellera 10 centimètres pour les diamètres de 75 à 125 millimètres ;

On appellera 15 centimètres pour les diamètres de 125 à 175 millimètres ; et ainsi de suite. Pour cela, on établira les graduations du compas, aux distances de 25 millimètres, 75 millimètres, 125 millimètres, 175 millimètres, et ainsi de suite, à partir de la branche fixe du compas forestier. On simplifiera l'appellation des diamètres, en désignant par le numéro 1, le diamètre 5 centimètres, par le numéro 2, le diamètre 10 centimètres, par le numéro 3, le diamètre 15 centimètres et ainsi de suite.

Nous avons perfectionné le compas forestier, au moyen d'un appareil à vis qui permet de régler la branche mobile du compas, laquelle, au moment où elle est appliquée contre l'arbre à mesurer, doit être parallèle à la branche fixe du compas.

§ II.

MESURE DE LA HAUTEUR

Après avoir mesuré le diamètre d'un arbre, on mesure ordinairement la hauteur de son bois d'œuvre. Ce mesurage s'effectue avec un dendromètre. Le plus simple instrument de ce genre, c'est l'équerre de Duhamel, laquelle se compose d'une équerre isocèle munie d'un fil à plomb. On tient un des côtés de l'angle droit dans la direction du fil à plomb et ainsi vertical. L'autre côté de l'angle droit est alors horizontal, et l'hypoténuse, élevée de 45 degrés au-dessus de l'horizon. Puis visant dans la direction de l'hypoténuse, on s'éloigne du pied P de l'arbre jusqu'à ce que l'œil rencontre, au bout de l'hypoténuse, le sommet S du bois d'œuvre à cuber. Supposons l'arbre vertical, ce qui a lieu ordinairement, alors la partie S H du fût de l'arbre, la ligne horizontale OH, et le prolongement de l'hypoténuse OS formeront un triangle rectangle isocèle. dans lequel SH égalera OH qui est la distance de l'observateur jusqu'à l'arbre. On mesure cette distance à laquelle il ne restera plus qu'à ajouter la hauteur HP. Si le sol est horizontal, ou si l'observateur s'est placé à un endroit au même niveau que le pied de l'arbre, la hauteur HP est égale à la hauteur de l'œil au-dessus du sol. Si, cas bien rare, l'observateur ne pouvait se placer au même niveau que le pied de l'arbre, il serait obligé d'employer un aide dont il ferait placer

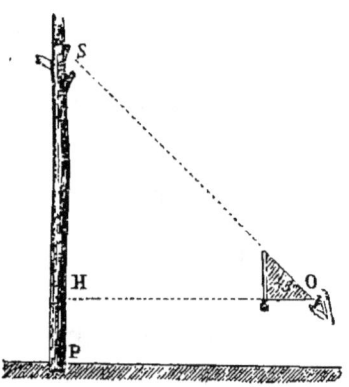

la main au point H, afin de pouvoir alors mesurer la hauteur HP. Quant à la distance de l'observateur jusqu'au pied de l'arbre, il suffit ordinairement de la mesurer au pas, l'erreur ainsi commise ne se multipliant pas ; et, par ce mesurage expéditif, le seul vraiment applicable dans la pratique, on obtient, à 1 mètre près, la hauteur de bois d'œuvre cherché, approximation suffisante pour une bonne estimation de coupes.

Malheureusement l'équerre de Duhamel est d'un maniement lent et pénible, à cause du fil à plomb qui la complique. Eh bien, nous avons eu l'idée de supprimer cet incommode fil à plomb, tout en donnant, chose étonnante, plus de précision à l'instrument ainsi simplifié. La figure ci-jointe représente le dendromètre obtenu de la sorte. Il est mobile autour de deux axes A et a perpendiculaires l'un à l'autre. L'axe a est formé par un anneau. A celui-ci est soudé perpendiculairement un autre anneau D, par lequel on doit tenir l'instrument entre l'index et le pouce qu'on passe dans cet anneau. Ainsi suspendu, le dendromètre repère une ligne horizontale HH' et une ligne OS élevée de 45 degrés sur l'horizon. Les oculaires O et H sont formés chacun par une fente large à l'entrée et très-mince au fond, de manière à faciliter la visée et à donner en même temps le degré de précision désiré par l'observateur. Les points de visée S et H' sont les extrémités de vis que l'on règle à volonté.

Ainsi construit, ce dendromètre réunit plusieurs conditions qui assurent sa supériorité. Il est rectifiable comme un éclimètre. Il est à l'abri de toute déviation verticale, grâce à son mode de suspension sur deux axes de rotation perpendiculaires l'un à l'autre. Il permet à l'observateur de prendre pour ligne de visée le milieu des écarts des oscillations faites par l'instrument, et ainsi d'atteindre une approximation bien supérieure à celle obtenue avec les autres dendromètres où, invisibles à l'observateur, les oscillations du perpendicule engendrent des

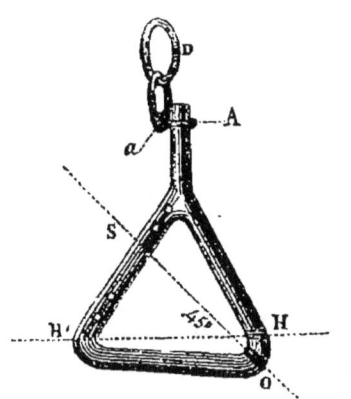

erreurs inévitables, inappréciables et d'autant plus graves que l'angle de visée s'écarte de plus de 45 degrés au-dessus de l'horizon. Il est si portatif qu'il se contente d'une petite place dans la poche de l'observateur. Enfin, par la simplicité de son maniement, il est à la portée de tous les gardes, auxquels il permet de mesurer au pas, en une minute, la hauteur de bois d'œuvre d'un arbre.

Médaillé au dernier concours international de sylviculture de Namur, cet instrument nous semblait pourtant laisser alors à désirer ; et nous en avons perfectionné le système de suspension et les oculaires avant de le livrer à la publicité.

NOTA. — *Si quelque personne désirait avoir le dendromètre inventé par M. d'Arbois de Jubainville ou le compas forestier perfectionné par lui, elle pourrait s'adresser à M. Laurent, brigadier forestier, à Escaupont, par Fresnes (Nord), qui ferait confectionner ces instruments au prix de 6 francs pour le dendromètre et de 12 francs pour le compas forestier.*

§ III.

DÉCROISSANCE DU DIAMÈTRE

Connaissant la hauteur du bois d'œuvre et son diamètre à 1^m30 du sol, il faut encore savoir calculer son diamètre au milieu pour faire le cubage. A cet effet, dans chaque forêt, on déterminera la décroissance du diamètre depuis 1^m30 du sol jusqu'au milieu du bois d'œuvre. Cette décroissance varie pour chaque essence avec le diamètre des arbres et leur hauteur. La décroissance du diamètre pour 1 mètre de hauteur, augmente avec le diamètre des arbres, et diminue au contraire quand leur hauteur augmente. Cette décroissance est plus forte pour les arbres qui surmontent un taillis que pour ceux qui ont crû en futaie. Pour les arbres qui dominent un taillis exploité à courte révolution, la décroissance est plus forte que si le taillis était exploité à une plus longue révolution. Voilà pourquoi il est impossible de faire un tarif applicable à toutes les forêts. Néanmoins, pour les personnes qui se contenteraient d'une approximation peu rigoureuse, nous avons calculé, d'après les données fournies par les agents des constructions navales, la table 6 qui donne le volume en grume avec écorce basé sur la circonférence au milieu, pour les bois feuillus, spécialement pour les chênes crûs dans les taillis sous futaie.

La table 6 est applicable dans les localités où les arbres exploités sont cubés comme cylindres d'après leur circonférence au milieu ; mais elle ne peut être employée dans les parties du Nord de la France où l'on cube les arbres en les décomposant en plusieurs billes cylindriques, ainsi que cela se pratique, par exemple, dans les forêts domaniales de Saint-Amand et de Marchiennes exploitées en taillis sous futaie à courtes révolutions. Dans ces forêts nous avons établi des tarifs qui donnent pour les bois sur pied, leur volume calculé comme après leur abatage. Pour cela, nous avons étudié les arbres abattus dans toutes les coupes en usance. Nous les avons cubés en les décomposant en plusieurs billes. Puis nous avons calculé quelle décroissance il fallait admettre, pour qu'en les cubant chacun en un seul cylindre d'après une circonférence fictive au milieu, on retrouvât leur volume réel. Les donnée ainsi recueillies nous ont servi à calculer la table 7, qui donne le volume en grume des peupliers blancs, bouleaux, frênes et charmes. Pour les chênes qu'on écorce toujours dans les mêmes forêts, nous donnons leur volume réel sous écorce dans la table 8.

TABLE I

CUBAGE EN GRUME

CIRCONFÉRENCES.

0m, 28		0m, 30		0m, 32	
longueurs	CUBES.	longueurs	CUBES.	longueurs	CUBES.
mètres.	mètres cubes.	mètres.	mètres cubes.	mètres.	mètres cubes.
0,1	0,001	0,1	0,001	0,1	0,001
0,2	0,001	0,2	0,001	0,2	0,002
0,3	0,002	0,3	0,002	0,3	0,002
0,4	0,002	0,4	0,003	0,4	0,003
0,5	0,003	0,5	0,004	0,5	0,004
0,6	0,004	0,6	0,004	0,6	0,005
0,7	0,004	0,7	0,005	0,7	0,006
0,8	0,005	0,8	0,006	0,8	0,007
0,9	0,006	0,9	0,006	0,9	0,007
1,0	0,006	1,0	0,007	1,0	0,008
2,0	0,012	2,0	0,014	2,0	0,016
3,0	0,019	3,0	0,021	3,0	0,024
4,0	0,025	4,0	0,029	4,0	0,033
5,0	0,031	5,0	0,036	5,0	0,041
6,0	0,037	6,0	0,043	6,0	0,049
7,0	0,044	7,0	0,050	7,0	0,057
8,0	0,050	8,0	0,057	8,0	0,065
9,0	0,056	9,0	0,064	9,0	0,073
10,0	0,062	10,0	0,072	10,0	0,081

CIRCONFÉRENCES.

0m, 34		0m, 36		0m, 38	
longueurs	CUBES.	longueurs	CUBES.	longueurs	CUBES.
mètres.	mètres cubes.	mètres.	mètres cubes.	mètres.	mètres cubes.
0,1	0,001	0,1	0,001	0,1	0,001
0,2	0,002	0,2	0,002	0,2	0,002
0,3	0,003	0,3	0,003	0,3	0,003
0,4	0,004	0,4	0,004	0,4	0,005
0,5	0,005	0,5	0,005	0,5	0,006
0,6	0,006	0,6	0,006	0,6	0,007
0,7	0,006	0,7	0,007	0,7	0,008
0,8	0,007	0,8	0,008	0,8	0,009
0,9	0,008	0,9	0,009	0,9	0,010
1,0	0,009	1,0	0,010	1,0	0,011
2,0	0,018	2,0	0,021	2,0	0,023
3,0	0,028	3,0	0,031	3,0	0,034
4,0	0,037	4,0	0,041	4,0	0,046
5,0	0,046	5,0	0,052	5,0	0,057
6,0	0,055	6,0	0,062	6,0	0,069
7,0	0,064	7,0	0,072	7,0	0,080
8,0	0,074	8,0	0,083	8,0	0,092
9,0	0,083	9,0	0,093	9,0	0,103
10,0	0,092	10,0	0,103	10,0	0,115

CIRCONFÉRENCES

\tOm, 40\t		\tOm, 42\t		\tOm, 44\t	
longueurs	CUBES.	longueurs	CUBES.	longueurs	CUBES.
mètres.	mètres cubes.	mètres.	mètres cubes.	mètres.	mètres cubes.
0,1	0,001	0,1	0,001	0,1	0,002
0,2	0,003	0,2	0,003	0,2	0,003
0,3	0,004	0,3	0,004	0,3	0,005
0,4	0,005	0,4	0,006	0,4	0,006
0,5	0,006	0,5	0,007	0,5	0,008
0,6	0,008	0,6	0,008	0,6	0,009
0,7	0,009	0,7	0,010	0,7	0,011
0,8	0,010	0,8	0,011	0,8	0,012
0,9	0,011	0,9	0,013	0,9	0,014
1,0	0,013	1,0	0,014	1,0	0,015
2,0	0,025	2,0	0,028	2,0	0,031
3,0	0,038	3,0	0,042	3,0	0,046
4,0	0,051	4,0	0,056	4,0	0,062
5,0	0,064	5,0	0,070	5,0	0,077
6,0	0,076	6,0	0,084	6,0	0,092
7,0	0,089	7,0	0,098	7,0	0,108
8,0	0,102	8,0	0,112	8,0	0,123
9,0	0,115	9,0	0,126	9,0	0,139
10,0	0,127	10,0	0,140	10,0	0,154

CIRCONFÉRENCES

0m, 46		0m, 48		0m, 50	
longueurs	CUBES.	longueurs	CUBES.	longueurs	CUBES.
mètres.	mètres cubes.	mètres.	mètres cubes.	mètres.	mètres cubes.
0,1	0,002	0,1	0,002	0,1	0,002
0,2	0,003	0,2	0,004	0,2	0,004
0,3	0,005	0,3	0,005	0,3	0,006
0,4	0,007	0,4	0,007	0,4	0,008
0,5	0,008	0,5	0,009	0,5	0,010
0,6	0,010	0,6	0,011	0,6	0,012
0,7	0,012	0,7	0,013	0,7	0,014
0,8	0,013	0,8	0,015	0,8	0,016
0,9	0,015	0,9	0,016	0,9	0,018
1,0	0,017	1,0	0,018	1,0	0,020
2,0	0,034	2,0	0,037	2,0	0,040
3,0	0,054	3,0	0,055	3,0	0,060
4,0	0,067	4,0	0,073	4,0	0,080
5,0	0,084	5,0	0,092	5,0	0,099
6,0	0,101	6,0	0,110	6,0	0,119
7,0	0,118	7,0	0,128	7,0	0,139
8,0	0,135	8,0	0,147	8,0	0,159
9,0	0,152	9,0	0,165	9,0	0,179
10,0	0,168	10,0	0,183	10,0	0,199

CIRCONFÉRENCES

0m, 52		0m, 54		0m, 56	
longueurs	CUBES.	longueurs	CUBES.	longueurs	CUBES.
mètres.	mètres cubes.	mètres.	mètres cubes.	mètres.	mètres cubes.
0,1	0,002	0,1	0,002	0,1	0,002
0,2	0,004	0,2	0,005	0,2	0,005
0,3	0,006	0,3	0,007	0,3	0,007
0,4	0,009	0,4	0,009	0,4	0,010
0,5	0,011	0,5	0,012	0,5	0,012
0,6	0,013	0,6	0,014	0,6	0,015
0,7	0,015	0,7	0,016	0,7	0,017
0,8	0,017	0,8	0,019	0,8	0,020
0,9	0,019	0,9	0,021	0,9	0,022
1,0	0,022	1,0	0,023	1,0	0,025
2,0	0,043	2,0	0,046	2,0	0,050
3,0	0,065	3,0	0,070	3,0	0,075
4,0	0,086	4,0	0,093	4,0	0,100
5,0	0,108	5,0	0,116	5,0	0,125
6,0	0,129	6,0	0,139	6,0	0,150
7,0	0,151	7,0	0,162	7,0	0,175
8,0	0,172	8,0	0,186	8,0	0,200
9,0	0,194	9,0	0,209	9,0	0,225
10,0	0,215	10,0	0,232	10,0	0,250

CIRCONFÉRENCES

0m, 58		0m, 60		0m, 62	
longueurs	CUBES.	longueurs	CUBES.	longueurs	CUBES.
mètres.	mètres cubes.	mètres.	mètres cubes.	mètres.	mètres cubes.
0,1	0,003	0,1	0,003	0,1	0,003
0,2	0,005	0,2	0,006	0,2	0,006
0,3	0,008	0,3	0,009	0,3	0,009
0,4	0,011	0,4	0,011	0,4	0,012
0,5	0,013	0,5	0,014	0,5	0,015
0,6	0,016	0,6	0,017	0,6	0,018
0,7	0,019	0,7	0,020	0,7	0,021
0,8	0,021	0,8	0,023	0,8	0,024
0,9	0,024	0,9	0,026	0,9	0,028
1,0	0,027	1,0	0,029	1,0	0,031
2,0	0,054	2,0	0,057	2,0	0,061
3,0	0,080	3,0	0,086	3,0	0,092
4,0	0,107	4,0	0,115	4,0	0,122
5,0	0,134	5,0	0,143	5,0	0,153
6,0	0,161	6,0	0,172	6,0	0,183
7,0	0,187	7,0	0,201	7,0	0,214
8,0	0,214	8,0	0,229	8,0	0,245
9,0	0,241	9,0	0,258	9,0	0,275
10,0	0,268	10,0	0,286	10,0	0,306

CIRCONFÉRENCES

0m, 64		0m, 66		0m, 68	
longueur	CUBES.	longueur	CUBES.	longueur	CUBES.
mètres.	mètres cubes.	mètres.	mètres cubes.	mètres.	mètres cubes.
0,1	0,003	0,1	0,003	0,1	0,004
0,2	0,007	0,2	0,007	0,2	0,007
0,3	0,010	0,3	0,010	0,3	0,011
0,4	0,013	0,4	0,014	0,4	0,015
0,5	0,016	0,5	0,017	0,5	0,018
0,6	0,020	0,6	0,021	0,6	0,022
0,7	0,023	0,7	0,024	0,7	0,026
0,8	0,026	0,8	0,028	0,8	0,029
0,9	0,029	0,9	0,031	0,9	0,033
1,0	0,033	1,0	0,035	1,0	0,037
2,0	0,065	2,0	0,069	2,0	0,074
3,0	0,098	3,0	0,104	3,0	0,110
4,0	0,130	4,0	0,139	4,0	0,147
5,0	0,163	5,0	0,173	5,0	0,184
6,0	0,196	6,0	0,208	6,0	0,221
7,0	0,228	7,0	0,243	7,0	0,258
8,0	0,261	8,0	0,277	8,0	0,294
9,0	0,293	9,0	0,312	9,0	0,331
10,0	0,326	10,0	0,347	10,0	0,368

CIRCONFÉRENCES.

0ᵐ, 70		0ᵐ, 72		0ᵐ, 74	
longueur	CUBES.	longueur	CUBES.	longueur	CUBES.
mètres.	mètres cubes.	mètres.	mètres cubes.	mètres.	mètres cubes.
0,1	0,004	0,1	0,004	0,1	0,004
0,2	0,008	0,2	0,008	0,2	0,009
0,3	0,012	0,3	0,012	0,3	0,013
0,4	0,016	0,4	0,017	0,4	0,017
0,5	0,019	0,5	0,021	0,5	0,022
0,6	0,023	0,6	0,025	0,6	0,026
0,7	0,027	0,7	0,029	0,7	0,031
0,8	0,031	0,8	0,033	0,8	0,035
0,9	0,035	0,9	0,037	0,9	0,039
1,0	0,039	1,0	0,041	1,0	0,044
2,0	0,078	2,0	0,083	2,0	0,087
3,0	0,117	3,0	0,124	3,0	0,131
4,0	0,156	4,0	0,165	4,0	0,174
5,0	0,195	5,0	0,206	5,0	0,218
6,0	0,234	6,0	0,248	6,0	0,261
7,0	0,273	7,0	0,289	7,0	0,305
8,0	0,312	8,0	0,330	8,0	0,349
9,0	0,351	9,0	0,371	9,0	0,392
10,0	0,390	10,0	0,413	10,0	0,436

CIRCONFÉRENCES.

| \multicolumn{2}{c|}{0m, 76} | \multicolumn{2}{c|}{0m, 78} | \multicolumn{2}{c}{0m, 80} |

0m, 76		0m, 78		0m, 80	
longueur	CUBES.	longueur	CUBES.	longueur	CUBES.
mètres.	mètres cubes.	mètres.	mètres cubes.	mètres.	mètres cubes.
0,1	0,005	0,1	0,005	0,1	0,005
0,2	0,009	0,2	0,010	0,2	0,010
0,3	0,014	0,3	0,015	0,3	0,015
0,4	0,018	0,4	0,019	0,4	0,020
0,5	0,023	0,5	0,024	0,5	0,025
0,6	0,028	0,6	0,029	0,6	0,031
0,7	0,032	0,7	0,034	0,7	0,036
0,8	0,037	0,8	0,039	0,8	0,041
0,9	0,041	0,9	0,044	0,9	0,046
1,0	0,046	1,0	0,048	1,0	0,051
2,0	0,092	2,0	0,097	2,0	0,102
3,0	0,138	3,0	0,145	3,0	0,153
4,0	0,184	4,0	0,194	4,0	0,204
5,0	0,230	5,0	0,242	5,0	0,255
6,0	0,276	6,0	0,290	6,0	0,306
7,0	0,322	7,0	0,339	7,0	0,357
8,0	0,368	8,0	0,387	8,0	0,407
9,0	0,414	9,0	0,436	9,0	0,458
10,0	0,460	10,0	0,484	10,0	0,509

CIRCONFÉRENCES.

0m, 82		0m, 84		0m, 86	
longueur	CUBES.	longueur	CUBES.	longueur	CUBES.
mètres.	mètres cubes.	mètres.	mètres cubes.	mètres.	mètres cubes.
0,1	0,005	0,1	0,006	0,1	0,006
0,2	0,011	0,2	0,011	0,2	0,012
0,3	0,016	0,3	0,017	0,3	0,018
0,4	0,021	0,4	0,022	0,4	0,024
0,5	0,027	0,5	0,028	0,5	0,029
0,6	0,032	0,6	0,034	0,6	0,035
0,7	0,037	0,7	0,039	0,7	0,041
0,8	0,043	0,8	0,045	0,8	0,047
0,9	0,048	0,9	0,051	0,9	0,053
1,0	0,054	1,0	0,056	1,0	0,059
2,0	0,107	2,0	0,112	2,0	0,118
3,0	0,161	3,0	0,168	3,0	0,177
4,0	0,214	4,0	0,225	4,0	0,235
5,0	0,268	5,0	0,281	5,0	0,294
6,0	0,321	6,0	0,337	6,0	0,353
7,0	0,375	7,0	0,393	7,0	0,412
8,0	0,428	8,0	0,449	8,0	0,471
9,0	0,482	9,0	0,505	9,0	0,530
10,0	0,535	10,0	0,561	10,0	0,589

CIRCONFÉRENCES

0m,88		0m,90		0m,92	
longueur	CUBES.	longueur	CUBES.	longueur	CUBES.
mètres.	mètres cubes.	mètres.	mètres cubes.	mètres.	mètres cubes.
0,1	0,006	0,1	0,006	0,1	0,007
0,2	0,012	0,2	0,013	0,2	0,013
0,3	0,018	0,3	0,019	0,3	0,020
0,4	0,025	0,4	0,026	0,4	0,027
0,5	0,031	0,5	0,032	0,5	0,034
0,6	0,037	0,6	0,039	0,6	0,040
0,7	0,043	0,7	0,045	0,7	0,047
0,8	0,049	0,8	0,052	0,8	0,054
0,9	0,055	0,9	0,058	0,9	0,061
1,0	0,062	1,0	0,064	1,0	0,067
2,0	0,123	2,0	0,129	2,0	0,135
3,0	0,185	3,0	0,193	3,0	0,202
4,0	0,246	4,0	0,258	4,0	0,269
5,0	0,308	5,0	0,322	5,0	0,337
6,0	0,370	6,0	0,387	6,0	0,404
7,0	0,431	7,0	0,451	7,0	0,471
8,0	0,493	8,0	0,516	8,0	0,539
9,0	0,555	9,0	0,580	9,0	0,606
10,0	0,616	10,0	0,645	10,0	0,674

CIRCONFÉRENCES

0m, 94		0m, 96		0m, 98	
longueur	CUBES.	longueur	CUBES.	longueur	CUBES.
mètres.	mètres cubes.	mètres.	mètres cubes.	mètres.	mètres cubes.
0,1	0,007	0,1	0,007	0,1	0,008
0,2	0,014	0,2	0,015	0,2	0,015
0,3	0,021	0,3	0,022	0,3	0,023
0,4	0,028	0,4	0,029	0,4	0,031
0,5	0,035	0,5	0,037	0,5	0,038
0,6	0,042	0,6	0,044	0,6	0,046
0,7	0,049	0,7	0,051	0,7	0,053
0,8	0,056	0,8	0,059	0,8	0,061
0,9	0,063	0,9	0,066	0,9	0,069
1,0	0,070	1,0	0,073	1,0	0,076
2,0	0,141	2,0	0,147	2,0	0,153
3,0	0,211	3,0	0,220	3,0	0,229
4,0	0,281	4,0	0,293	4,0	0,306
5,0	0,352	5,0	0,367	5,0	0,382
6,0	0,422	6,0	0,440	6,0	0,458
7,0	0,492	7,0	0,513	7,0	0,535
8,0	0,563	8,0	0,587	8,0	0,611
9,0	0,633	9,0	0,660	9,0	0,688
10,0	0,703	10,0	0,733	10,0	0,764

CIRCONFÉRENCES

\u00a0 0m,100 \u00a0		\u00a0 0m,102 \u00a0		\u00a0 0m,104 \u00a0	
longueur	CUBES.	longueur	CUBES.	longueur	CUBES.
mètres.	mètres cubes.	mètres.	mètres cubes.	mètres.	mètres cubes.
0,1	0,008	0,1	0,008	0,1	0,009
0,2	0,016	0,2	0,017	0,2	0,017
0,3	0,024	0,3	0,025	0,3	0,026
0,4	0,032	0,4	0,033	0,4	0,034
0,5	0,040	0,5	0,041	0,5	0,043
0,6	0,048	0,6	0,050	0,6	0,052
0,7	0,056	0,7	0,058	0,7	0,060
0,8	0,064	0,8	0,066	0,8	0,069
0,9	0,072	0,9	0,075	0,9	0,077
1,0	0,080	1,0	0,083	1,0	0,086
2,0	0,159	2,0	0,166	2,0	0,172
3,0	0,239	3,0	0,248	3,0	0,258
4,0	0,318	4,0	0,331	4,0	0,344
5,0	0,398	5,0	0,414	5,0	0,430
6,0	0,477	6,0	0,497	6,0	0,516
7,0	0,557	7,0	0,580	7,0	0,602
8,0	0,637	8,0	0,662	8,0	0,689
9,0	0,716	9,0	0,745	9,0	0,775
10,0	0,796	10,0	0,828	10,0	0,861

CIRCONFÉRENCES

0m, 106		**0m, 108**		**0m, 110**	
longueur	CUBES.	longueur	CUBES.	longueur	CUBES.
mètres.	mètres cubes.	mètres.	mètres cubes.	mètres.	mètres cubes.
0,1	0,009	0,1	0,009	0,1	0,010
0,2	0,018	0,2	0,019	0,2	0,019
0,3	0,027	0,3	0,028	0,3	0,029
0,4	0,036	0,4	0,037	0,4	0,039
0,5	0,045	0,5	0,046	0,5	0,048
0,6	0,054	0,6	0,056	0,6	0,058
0,7	0,063	0,7	0,065	0,7	0,067
0,8	0,072	0,8	0,074	0,8	0,077
0,9	0,080	0,9	0,084	0,9	0,087
1,0	0,089	1,0	0,093	1,0	0,096
2,0	0,179	2,0	0,186	2,0	0,193
3,0	0,268	3,0	0,278	3,0	0,289
4,0	0,358	4,0	0,371	4,0	0,385
5,0	0,447	5,0	0,464	5,0	0,481
6,0	0,536	6,0	0,557	6,0	0,578
7,0	0,626	7,0	0,650	7,0	0,674
8,0	0,715	8,0	0,743	8,0	0,770
9,0	0,805	9,0	0,835	9,0	0,867
10,0	0,894	10,0	0,928	10,0	0,963

CIRCONFÉRENCES

1m, 12		1m, 14		1m, 16	
longueur	CUBES.	longueur	CUBES.	longueur	CUBES.
mètres.	mètres cubes.	mètres.	mètres cubes.	mètres.	mètres cubes.
0,1	0,010	0,1	0,010	0,1	0,011
0,2	0,020	0,2	0,021	0,2	0,021
0,3	0,030	0,3	0,031	0,3	0,032
0,4	0,040	0,4	0,041	0,4	0,043
0,5	0,050	0,5	0,052	0,5	0,054
0,6	0,060	0,6	0,062	0,6	0,064
0,7	0,070	0,7	0,072	0,7	0,075
0,8	0,080	0,8	0,083	0,8	0,086
0,9	0,090	0,9	0,093	0,9	0,096
1,0	0,100	1,0	0,103	1,0	0,107
2,0	0,200	2,0	0,207	2,0	0,214
3,0	0,299	3,0	0,310	3,0	0,321
4,0	0,399	4,0	0,414	4,0	0,428
5,0	0,499	5,0	0,517	5,0	0,535
6,0	0,599	6,0	0,621	6,0	0,642
7,0	0,699	7,0	0,724	7,0	0,750
8,0	0,799	8,0	0,827	8,0	0,857
9,0	0,898	9,0	0,931	9,0	0,964
10,0	0,998	10,0	1,034	10,0	1,071

CIRCONFÉRENCES

1ᵐ, 18		1ᵐ, 20		1ᵐ, 22	
longueur	CUBES.	longueur	CUBES.	longueur	CUBES.
mètres.	mètres cubes.	mètres.	mètres cubes.	mètres.	mètres cubes.
0,1	0,011	0,1	0,011	0,1	0,012
0,2	0,022	0,2	0,023	0,2	0,024
0,3	0,033	0,3	0,034	0,3	0,036
0,4	0,044	0,4	0,046	0,4	0,047
0,5	0,055	0,5	0,057	0,5	0,059
0,6	0,067	0,6	0,069	0,6	0,071
0,7	0,078	0,7	0,080	0,7	0,083
0,8	0,089	0,8	0,092	0,8	0,095
0,9	0,100	0,9	0,103	0,9	0,107
1,0	0,111	1,0	0,115	1,0	0,118
2,0	0,222	2,0	0,229	2,0	0,237
3,0	0,332	3,0	0,344	3,0	0,355
4,0	0,443	4,0	0,458	4,0	0,474
5,0	0,554	5,0	0,573	5,0	0,592
6,0	0,665	6,0	0,688	6,0	0,711
7,0	0,776	7,0	0,802	7,0	0,829
8,0	0,887	8,0	0,917	8,0	0,948
9,0	0,998	9,0	1,031	9,0	1,066
10,0	1,108	10,0	1,146	10,0	1,184

CIRCONFÉRENCES

1m, 24		1m, 26		1m, 28	
longueur	CUBES.	longueur	CUBES.	longueur	CUBES.
mètres.	mètres cubes.	mètres.	mètres cubes.	mètres.	mètres cubes.
0,1	0,012	0,1	0,013	0,1	0,013
0,2	0,024	0,2	0,025	0,2	0,026
0,3	0,037	0,3	0,038	0,3	0,039
0,4	0,049	0,4	0,051	0,4	0,052
0,5	0,061	0,5	0,063	0,5	0,065
0,6	0,073	0,6	0,076	0,6	0,078
0,7	0,086	0,7	0,088	0,7	0,091
0,8	0,098	0,8	0,101	0,8	0,104
0,9	0,110	0,9	0,114	0,9	0,117
1,0	0,122	1,0	0,126	1,0	0,130
2,0	0,245	2,0	0,253	2,0	0,261
3,0	0,367	3,0	0,379	3,0	0,391
4,0	0,489	4,0	0,505	4,0	0,522
5,0	0,612	5,0	0,632	5,0	0,652
6,0	0,734	6,0	0,758	6,0	0,782
7,0	0,857	7,0	0,884	7,0	0,913
8,0	0,979	8,0	1,011	8,0	1,043
9,0	1,101	9,0	1,137	9,0	1,173
10,0	1,224	10,0	1,263	10,0	1,304

CIRCONFÉRENCES

1m, 30		1m, 32		1m, 34	
longueur	CUBES.	longueur	CUBES.	longueur	CUBES.
mètres.	mètres cubes.	mètres.	mètres cubes.	mètres.	mètres cubes.
0,1	0,013	0,1	0,014	0,1	0,014
0,2	0,027	0,2	0,028	0,2	0,029
0,3	0,040	0,3	0,042	0,3	0,043
0,4	0,054	0,4	0,055	0,4	0,057
0,5	0,067	0,5	0,069	0,5	0,071
0,6	0,081	0,6	0,083	0,6	0,086
0,7	0,094	0,7	0,097	0,7	0,100
0,8	0,108	0,8	0,111	0,8	0,114
0,9	0,121	0,9	0,125	0,9	0,129
1,0	0,134	1,0	0,139	1,0	0,143
2,0	0,269	2,0	0,277	2,0	0,286
3,0	0,403	3,0	0,416	3,0	0,429
4,0	0,538	4,0	0,555	4,0	0,572
5,0	0,672	5,0	0,693	5,0	0,714
6,0	0,807	6,0	0,832	6,0	0,857
7,0	0,941	7,0	0,971	7,0	1,000
8,0	1,076	8,0	1,109	8,0	1,143
9,0	1,210	9,0	1,248	9,0	1,286
10,0	1,345	10,0	1,387	10,0	1,429

CIRCONFÉRENCES

1m, 36		1m, 38		1m, 40	
longueur	CUBES.	longueur	CUBES.	longueur	CUBES.
mètres.	mètres cubes.	mètres.	mètres cubes.	mètres.	mètres cubes.
0,1	0,015	0,1	0,015	0,1	0,016
0,2	0,029	0,2	0,030	0,2	0,031
0,3	0,044	0,3	0,045	0,3	0,047
0,4	0,059	0,4	0,061	0,4	0,062
0,5	0,074	0,5	0,076	0,5	0,078
0,6	0,088	0,6	0,091	0,6	0,094
0,7	0,103	0,7	0,106	0,7	0,109
0,8	0,118	0,8	0,121	0,8	0,125
0,9	0,132	0,9	0,136	0,9	0,140
1,0	0,147	1,0	0,152	1,0	0,156
2,0	0,294	2,0	0,303	2,0	0,312
3,0	0,442	3,0	0,455	3,0	0,468
4,0	0,589	4,0	0,606	4,0	0,624
5,0	0,736	5,0	0,758	5,0	0,780
6,0	0,883	6,0	0,909	6,0	0,936
7,0	1,030	7,0	1,061	7,0	1,092
8,0	1,177	8,0	1,212	8,0	1,248
9,0	1,325	9,0	1,364	9,0	1,404
10,0	1,472	10,0	1,515	10,0	1,560

CIRCONFÉRENCES

1m, 42		1m, 44		1m, 46	
longueur	CUBES.	longueur	CUBES.	longueur	CUBES.
mètres.	mètres cubes.	mètres.	mètres cubes.	mètres.	mètres cubes.
0,1	0,016	0,1	0,017	0,1	0,017
0,2	0,032	0,2	0,033	0,2	0,034
0,3	0,048	0,3	0,050	0,3	0,051
0,4	0,064	0,4	0,066	0,4	0,068
0,5	0,080	0,5	0,083	0,5	0,085
0,6	0,096	0,6	0,099	0,6	0,102
0,7	0,112	0,7	0,116	0,7	0,119
0,8	0,128	0,8	0,132	0,8	0,136
0,9	0,144	0,9	0,149	0,9	0,153
1,0	0,160	1,0	0,165	1,0	0,170
2,0	0,321	2,0	0,330	2,0	0,339
3,0	0,481	3,0	0,495	3,0	0,509
4,0	0,642	4,0	0,660	4,0	0,679
5,0	0,802	5,0	0,825	5,0	0,848
6,0	0,963	6,0	0,990	6,0	1,018
7,0	1,123	7,0	1,155	7,0	1,187
8,0	1,284	8,0	1,320	8,0	1,357
9,0	1,444	9,0	1,485	9,0	1,527
10,0	1,605	10,0	1,650	10,0	1,696

CIRCONFÉRENCES

1m, 48		1m, 50		1m, 52	
longueur	CUBES.	longueur	CUBES.	longueur	CUBES.
mètres.	mètres cubes.	mètres.	mètres cubes.	mètres.	mètres cubes.
0,1	0,017	0,1	0,018	0,1	0,018
0,2	0,035	0,2	0,036	0,2	0,037
0,3	0,052	0,3	0,054	0,3	0,055
0,4	0,070	0,4	0,072	0,4	0,074
0,5	0,087	0,5	0,090	0,5	0,092
0,6	0,105	0,6	0,107	0,6	0,110
0,7	0,122	0,7	0,125	0,7	0,129
0,8	0,139	0,8	0,143	0,8	0,147
0,9	0,157	0,9	0,161	0,9	0,165
1,0	0,174	1,0	0,179	1,0	0,184
2,0	0,349	2,0	0,358	2,0	0,368
3,0	0,523	3,0	0,537	3,0	0,552
4,0	0,697	4,0	0,716	4,0	0,735
5,0	0,872	5,0	0,895	5,0	0,919
6,0	1,046	6,0	1,074	6,0	1,103
7,0	1,220	7,0	1,253	7,0	1,287
8,0	1,394	8,0	1,432	8,0	1,471
9,0	1,569	9,0	1,611	9,0	1,655
10,0	1,743	10,0	1,790	10,0	1,839

CIRCONFÉRENCES

1m, 54		1m, 56		1m, 58	
longueur	CUBES.	longueur	CUBES.	longueur	CUBES.
mètres.	mètres cubes.	mètres.	mètres cubes.	mètres.	mètres cubes.
0,1	0,019	0,1	0,019	0,1	0,020
0,2	0,038	0,2	0,039	0,2	0,040
0,3	0,057	0,3	0,058	0,3	0,060
0,4	0,075	0,4	0,077	0,4	0,079
0,5	0,094	0,5	0,097	0,5	0,099
0,6	0,113	0,6	0,116	0,6	0,119
0,7	0,132	0,7	0,136	0,7	0,139
0,8	0,151	0,8	0,155	0,8	0,159
0,9	0,170	0,9	0,174	0,9	0,179
1,0	0,189	1,0	0,194	1,0	0,199
2,0	0,377	2,0	0,387	2,0	0,397
3,0	0,566	3,0	0,581	3,0	0,596
4,0	0,755	4,0	0,775	4,0	0,795
5,0	0,944	5,0	0,968	5,0	0,993
6,0	1,132	6,0	1,162	6,0	1,192
7,0	1,321	7,0	1,356	7,0	1,391
8,0	1,510	8,0	1,549	8,0	1,589
9,0	1,699	9,0	1,743	9,0	1,788
10,0	1,887	10,0	1,937	10,0	1,987

CIRCONFÉRENCES

1m, 60		1m, 62		1m, 64	
longueur	CUBES.	longueur	CUBES.	longueur	CUBES.
mètres.	mètres cubes.	mètres.	mètres cubes.	mètres.	mètres cubes.
0,1	0,020	0,1	0,021	0,1	0,021
0,2	0,041	0,2	0,042	0,2	0,043
0,3	0,061	0,3	0,063	0,3	0,064
0,4	0,081	0,4	0,084	0,4	0,086
0,5	0,102	0,5	0,104	0,5	0,107
0,6	0,122	0,6	0,125	0,6	0,128
0,7	0,143	0,7	0,146	0,7	0,150
0,8	0,163	0,8	0,167	0,8	0,171
0,9	0,183	0,9	0,188	0,9	0,193
1,0	0,204	1,0	0,209	1,0	0,214
2,0	0,407	2,0	0,418	2,0	0,428
3,0	0,611	3,0	0,627	3,0	0,642
4,0	0,815	4,0	0,835	4,0	0,856
5,0	1,018	5,0	1,044	5,0	1,070
6,0	1,222	6,0	1,253	6,0	1,284
7,0	1,426	7,0	1,462	7,0	1,498
8,0	1,630	8,0	1,671	8,0	1,712
9,0	1,833	9,0	1,880	9,0	1,926
10,0	2,037	10,0	2,088	10,0	2,140

CIRCONFÉRENCES

1m, 66		1m, 68		1m, 70	
longueur	CUBES.	longueur	CUBES.	longueur	CUBES.
mètres.	mètres cubes.	mètres.	mètres cubes.	mètres.	mètres cubes.
0,1	0,022	0,1	0,022	0,1	0,023
0,2	0,044	0,2	0,045	0,2	0,046
0,3	0,066	0,3	0,067	0,3	0,069
0,4	0,088	0,4	0,090	0,4	0,092
0,5	0,110	0,5	0,112	0,5	0,115
0,6	0,132	0,6	0,135	0,6	0,138
0,7	0,153	0,7	0,157	0,7	0,161
0,8	0,175	0,8	0,180	0,8	0,184
0,9	0,197	0,9	0,202	0,9	0,207
1,0	0,219	1,0	0,225	1,0	0,230
2,0	0,439	2,0	0,449	2,0	0,460
3,0	0,658	3,0	0,674	3,0	0,690
4,0	0,877	4,0	0,898	4,0	0,920
5,0	1,096	5,0	1,123	5,0	1,150
6,0	1,316	6,0	1,348	6,0	1,380
7,0	1,535	7,0	1,572	7,0	1,610
8,0	1,754	8,0	1,797	8,0	1,840
9,0	1,974	9,0	2,021	9,0	2,070
10,0	2,193	10,0	2,246	10,0	2,300

CIRCONFÉRENCES

1m, 72		1m, 74		1m, 76	
longueur	CUBES.	longueur	CUBES.	longueur	CUBES.
mètres.	mètres cubes.	mètres.	mètres cubes.	mètres.	mètres cubes.
0,1	0,024	0,1	0,024	0,1	0,025
0,2	0,047	0,2	0,048	0,2	0,049
0,3	0,071	0,3	0,072	0,3	0,074
0,4	0,094	0,4	0,096	0,4	0,099
0,5	0,118	0,5	0,120	0,5	0,123
0,6	0,141	0,6	0,145	0,6	0,148
0,7	0,165	0,7	0,169	0,7	0,173
0,8	0,188	0,8	0,193	0,8	0,197
0,9	0,212	0,9	0,217	0,9	0,222
1,0	0,235	1,0	0,241	1,0	0,246
2,0	0,471	2,0	0,482	2,0	0,493
3,0	0,706	3,0	0,723	3,0	0,739
4,0	0,942	4,0	0,964	4,0	0,986
5,0	1,177	5,0	1,205	5,0	1,232
6,0	1,413	6,0	1,446	6,0	1,479
7,0	1,648	7,0	1,687	7,0	1,725
8,0	1,883	8,0	1,927	8,0	1,972
9,0	2,119	9,0	2,168	9,0	2,218
10,0	2,354	10,0	2,409	10,0	2,465

CIRCONFÉRENCES

1m, 78		1m, 80		1m, 82	
longueur	CUBES.	longueur	CUBES.	longueur	CUBES.
mètres.	mètres cubes.	mètres.	mètres cubes.	mètres.	mètres cubes.
0,1	0,025	0,1	0,026	0,1	0,026
0,2	0,050	0,2	0,052	0,2	0,053
0,3	0,076	0,3	0,077	0,3	0,079
0,4	0,101	0,4	0,103	0,4	0,105
0,5	0,126	0,5	0,129	0,5	0,132
0,6	0,151	0,6	0,155	0,6	0,158
0,7	0,176	0,7	0,180	0,7	0,185
0,8	0,202	0,8	0,206	0,8	0,211
0,9	0,227	0,9	0,232	0,9	0,237
1,0	0,252	1,0	0,258	1,0	0,264
2,0	0,504	2,0	0,516	2,0	0,527
3,0	0,756	3,0	0,773	3,0	0,791
4,0	1,008	4,0	1,031	4,0	1,054
5,0	1,261	5,0	1,289	5,0	1,318
6,0	1,513	6,0	1,547	6,0	1,582
7,0	1,765	7,0	1,805	7,0	1,845
8,0	2,017	8,0	2,063	8,0	2,109
9,0	2,269	9,0	2,320	9,0	2,372
10,0	2,521	10,0	2,578	10,0	2,636

CIRCONFÉRENCES

1m, 84		1m, 86		1m, 88	
longueur	CUBES.	longueur	CUBES.	longueur	CUBES.
mètres.	mètres cubes.	mètres.	mètres cubes.	mètres.	mètres cubes.
0,1	0,027	0,1	0,028	0,1	0,028
0,2	0,054	0,2	0,055	0,2	0,056
0,3	0,081	0,3	0,083	0,3	0,084
0,4	0,108	0,4	0,110	0,4	0,113
0,5	0,135	0,5	0,138	0,5	0,141
0,6	0,162	0,6	0,165	0,6	0,169
0,7	0,189	0,7	0,193	0,7	0,197
0,8	0,216	0,8	0,220	0,8	0,225
0,9	0,242	0,9	0,248	0,9	0,253
1,0	0,269	1,0	0,275	1,0	0,281
2,0	0,539	2,0	0,551	2,0	0,563
3,0	0,808	3,0	0,826	3,0	0,844
4,0	1,078	4,0	1,101	4,0	1,125
5,0	1,347	5,0	1,377	5,0	1,406
6,0	1,617	6,0	1,652	6,0	1,688
7,0	1,886	7,0	1,927	7,0	1,969
8,0	2,155	8,0	2,202	8,0	2,250
9,0	2,425	9,0	2,478	9,0	2,531
10,0	2,694	10,0	2,753	10,0	2,813

CIRCONFÉRENCES

1m, 90		1m, 92		1m, 94	
longueur	CUBES.	longueur	CUBES.	longueur	CUBES.
mètres.	mètres cubes.	mètres.	mètres cubes.	mètres.	mètres cubes.
0,1	0,029	0,1	0,029	0,1	0,030
0,2	0,057	0,2	0,059	0,2	0,060
0,3	0,086	0,3	0,088	0,3	0,090
0,4	0,115	0,4	0,117	0,4	0,120
0,5	0,144	0,5	0,147	0,5	0,150
0,6	0,172	0,6	0,176	0,6	0,180
0,7	0,201	0,7	0,205	0,7	0,210
0,8	0,230	0,8	0,235	0,8	0,240
0,9	0,259	0,9	0,264	0,9	0,270
1,0	0,287	1,0	0,293	1,0	0,299
2,0	0,575	2,0	0,587	2,0	0,599
3,0	0,862	3,0	0,880	3,0	0,898
4,0	1,149	4,0	1,173	4,0	1,198
5,0	1,436	5,0	1,467	5,0	1,497
6,0	1,724	6,0	1,760	6,0	1,797
7,0	2,011	7,0	2,053	7,0	2,096
8,0	2,298	8,0	2,347	8,0	2,396
9,0	2,585	9,0	2,640	9,0	2,695
10,0	2,873	10,0	2,934	10,0	2,995

CIRCONFÉRENCES

1m, 96		1m, 98		2m, 00	
longueur	CUBES.	longueur	CUBES.	longueur	CUBES.
mètres.	mètres cubes.	mètres.	mètres cubes.	mètres.	mètres cubes.
0,1	0,031	0,1	0,031	0,1	0,032
0,2	0,061	0,2	0,062	0,2	0,064
0,3	0,092	0,3	0,094	0,3	0,095
0,4	0,122	0,4	0,125	0,4	0,127
0,5	0,153	0,5	0,156	0,5	0,159
0,6	0,183	0,6	0,187	0,6	0,191
0,7	0,214	0,7	0,218	0,7	0,223
0,8	0,245	0,8	0,250	0,8	0,255
0,9	0,275	0,9	0,281	0,9	0,286
1,0	0,306	1,0	0,312	1,0	0,318
2,0	0,611	2,0	0,624	2,0	0,637
3,0	0,917	3,0	0,936	3,0	0,955
4,0	1,223	4,0	1,248	4,0	1,273
5,0	1,529	5,0	1,560	5,0	1,592
6,0	1,834	6,0	1,872	6,0	1,910
7,0	2,140	7,0	2,184	7,0	2,228
8,0	2,446	8,0	2,496	8,0	2,546
9,0	2,751	9,0	2,808	9,0	2,865
10,0	3,057	10,0	3,120	10,0	3,183

CIRCONFÉRENCES

2m, 02		2m, 04		2m, 06	
longueur	CUBES.	longueur	CUBES.	longueur	CUBES.
mètres.	mètres cubes.	mètres.	mètres cubes.	mètres.	mètres cubes.
0,1	0,032	0,1	0,033	0,1	0,034
0,2	0,065	0,2	0,066	0,2	0,068
0,3	0,097	0,3	0,099	0,3	0,101
0,4	0,130	0,4	0,132	0,4	0,135
0,5	0,162	0,5	0,166	0,5	0,169
0,6	0,195	0,6	0,199	0,6	0,203
0,7	0,227	0,7	0,232	0,7	0,236
0,8	0,260	0,8	0,265	0,8	0,270
0,9	0,292	0,9	0,298	0,9	0,304
1,0	0,325	1,0	0,331	1,0	0,338
2,0	0,649	2,0	0,662	2,0	0,675
3,0	0,974	3,0	0,994	3,0	1,013
4,0	1,299	4,0	1,325	4,0	1,351
5,0	1,624	5,0	1,656	5,0	1,688
6,0	1,948	6,0	1,987	6,0	2,026
7,0	2,273	7,0	2,318	7,0	2,364
8,0	2,598	8,0	2,649	8,0	2,702
9,0	2,922	9,0	2,981	9,0	3,039
10,0	3,247	10,0	3,312	10,0	3,377

CIRCONFÉRENCES

2m,08		2m,10		2m,12	
longueur	CUBES.	longueur	CUBES.	longueur	CUBES.
mètres.	mètres cubes.	mètres.	mètres cubes.	mètres.	mètres cubes.
0,1	0,034	0,1	0,035	0,1	0,036
0,2	0,069	0,2	0,070	0,2	0,072
0,3	0,103	0,3	0,105	0,3	0,107
0,4	0,138	0,4	0,140	0,4	0,143
0,5	0,172	0,5	0,175	0,5	0,179
0,6	0,207	0,6	0,211	0,6	0,215
0,7	0,241	0,7	0,246	0,7	0,250
0,8	0,275	0,8	0,281	0,8	0,286
0,9	0,310	0,9	0,316	0,9	0,322
1,0	0,344	1,0	0,351	1,0	0,358
2,0	0,689	2,0	0,702	2,0	0,715
3,0	1,033	3,0	1,053	3,0	1,073
4,0	1,377	4,0	1,404	4,0	1,431
5,0	1,721	5,0	1,755	5,0	1,788
6,0	2,066	6,0	2,106	6,0	2,146
7,0	2,410	7,0	2,457	7,0	2,504
8,0	2,754	8,0	2,807	8,0	2,861
9,0	3,099	9,0	3,158	9,0	3,219
10,0	3,443	10,0	3,509	10,0	3,577

CIRCONFÉRENCES

$2^m, 14$		$2^m, 16$		$2^m, 18$	
longueur	CUBES.	longueur	CUBES.	longueur	CUBES.
mètres.	mètres cubes.	mètres.	mètres cubes.	mètres.	mètres cubes.
0,1	0,036	0,1	0,037	0,1	0,038
0,2	0,073	0,2	0,074	0,2	0,076
0,3	0,109	0,3	0,111	0,3	0,113
0,4	0,146	0,4	0,149	0,4	0,151
0,5	0,182	0,5	0,186	0,5	0,189
0,6	0,219	0,6	0,223	0,6	0,227
0,7	0,255	0,7	0,260	0,7	0,265
0,8	0,292	0,8	0,297	0,8	0,303
0,9	0,328	0,9	0,334	0,9	0,340
1,0	0,364	1,0	0,371	1,0	0,378
2,0	0,729	2,0	0,743	2,0	0,756
3,0	1,093	3,0	1,114	3,0	1,135
4,0	1,458	4,0	1,485	4,0	1,513
5,0	1,822	5,0	1,856	5,0	1,891
6,0	2,187	6,0	2,228	6,0	2,269
7,0	2,551	7,0	2,599	7,0	2,647
8,0	2,915	8,0	2,970	8,0	3,025
9,0	3,280	9,0	3,344	9,0	3,404
10,0	3,644	10,0	3,713	10,0	3,782

CIRCONFÉRENCES

2m, 20		2m, 22		2m, 24	
longueur	CUBES.	longueur	CUBES.	longueur	CUBES.
mètres.	mètres cubes.	mètres.	mètres cubes.	mètres.	mètres cubes.
0,1	0,039	0,1	0,039	0,1	0,040
0,2	0,077	0,2	0,078	0,2	0,080
0,3	0,116	0,3	0,118	0,3	0,120
0,4	0,154	0,4	0,157	0,4	0,160
0,5	0,193	0,5	0,196	0,5	0,200
0,6	0,231	0,6	0,235	0,6	0,240
0,7	0,270	0,7	0,275	0,7	0,280
0,8	0,308	0,8	0,314	0,8	0,319
0,9	0,347	0,9	0,353	0,9	0,359
1,0	0,385	1,0	0,392	1,0	0,399
2,0	0,770	2,0	0,784	2,0	0,799
3,0	1,155	3,0	1,177	3,0	1,198
4,0	1,541	4,0	1,569	4,0	1,597
5,0	1,926	5,0	1,961	5,0	1,996
6,0	2,311	6,0	2,353	6,0	2,396
7,0	2,696	7,0	2,745	7,0	2,795
8,0	3,081	8,0	3,138	8,0	3,194
9,0	3,466	9,0	3,530	9,0	3,594
10,0	3,852	10,0	3,922	10,0	3,993

CIRCONFÉRENCES

2m, 26		2m, 28		2m, 30	
longueur	CUBES.	longueur	CUBES.	longueur	CUBES.
mètres.	mètres cubes.	mètres.	mètres cubes.	mètres.	mètres cubes.
0,1	0,041	0,1	0,041	0,1	0,042
0,2	0,081	0,2	0,083	0,2	0,084
0,3	0,122	0,3	0,124	0,3	0,126
0,4	0,163	0,4	0,165	0,4	0,168
0,5	0,203	0,5	0,207	0,5	0,210
0,6	0,244	0,6	0,248	0,6	0,253
0,7	0,285	0,7	0,290	0,7	0,295
0,8	0,325	0,8	0,331	0,8	0,337
0,9	0,366	0,9	0,372	0,9	0,379
1,0	0,406	1,0	0,414	1,0	0,421
2,0	0,813	2,0	0,827	2,0	0,842
3,0	1,219	3,0	1,241	3,0	1,263
4,0	1,626	4,0	1,655	4,0	1,684
5,0	2,032	5,0	2,068	5,0	2,105
6,0	2,439	6,0	2,482	6,0	2,526
7,0	2,845	7,0	2,896	7,0	2,947
8,0	3,252	8,0	3,309	8,0	3,368
9,0	3,658	9,0	3,723	9,0	3,789
10,0	4,065	10,0	4,137	10,0	4,210

CIRCONFÉRENCES

2m, 32		2m, 34		2m, 36	
longueur	CUBES.	longueur	CUBES.	longueur	CUBES.
mètres.	mètres cubes.	mètres.	mètres cubes.	mètres.	mètres cubes.
0,1	0,043	0,1	0,044	0,1	0,044
0,2	0,086	0,2	0,087	0,2	0,089
0,3	0,128	0,3	0,131	0,3	0,133
0,4	0,171	0,4	0,174	0,4	0,177
0,5	0,214	0,5	0,218	0,5	0,222
0,6	0,257	0,6	0,261	0,6	0,266
0,7	0,300	0,7	0,305	0,7	0,310
0,8	0,343	0,8	0,349	0,8	0,355
0,9	0,385	0,9	0,392	0,9	0,399
1,0	0,428	1,0	0,436	1,0	0,443
2,0	0,857	2,0	0,871	2,0	0,886
3,0	1,285	3,0	1,307	3,0	1,330
4,0	1,713	4,0	1,743	4,0	1,773
5,0	2,142	5,0	2,179	5,0	2,216
6,0	2,570	6,0	2,614	6,0	2,659
7,0	2,998	7,0	3,050	7,0	3,103
8,0	3,427	8,0	3,486	8,0	3,546
9,0	3,855	9,0	3,922	9,0	3,989
10,0	4,283	10,0	4,357	10,0	4,432

CIRCONFÉRENCES

2m, 38		2m, 40		2m, 42	
longueur	CUBES.	longueur	CUBES.	longueur	CUBES.
mètres.	mètres cubes.	mètres.	mètres cubes.	mètres.	mètres cubes.
0,1	0,045	0,1	0,046	0,1	0,047
0,2	0,090	0,2	0,092	0,2	0,093
0,3	0,135	0,3	0,138	0,3	0,140
0,4	0,180	0,4	0,183	0,4	0,186
0,5	0,225	0,5	0,229	0,5	0,233
0,6	0,270	0,6	0,275	0,6	0,280
0,7	0,316	0,7	0,321	0,7	0,326
0,8	0,361	0,8	0,367	0,8	0,373
0,9	0,406	0,9	0,413	0,9	0,419
1,0	0,451	1,0	0,458	1,0	0,466
2,0	0,902	2,0	0,917	2,0	0,932
3,0	1,352	3,0	1,375	3,0	1,398
4,0	1,803	4,0	1,833	4,0	1,864
5,0	2,254	5,0	2,292	5,0	2,330
6,0	2,705	6,0	2,750	6,0	2,796
7,0	3,155	7,0	3,209	7,0	3,262
8,0	3,606	8,0	3,667	8,0	3,728
9,0	4,057	9,0	4,125	9,0	4,194
10,0	4,508	10,0	4,584	10,0	4,660

CIRCONFÉRENCES

2ᵐ, 44		2ᵐ, 46		2ᵐ, 48	
longueur	CUBES.	longueur	CUBES.	longueur	CUBES.
mètres.	mètres cubes.	mètres.	mètres cubes.	mètres.	mètres cubes.
0,1	0,047	0,1	0,048	0,1	0,049
0,2	0,095	0,2	0,096	0,2	0,098
0,3	0,142	0,3	0,144	0,3	0,147
0,4	0,190	0,4	0,193	0,4	0,196
0,5	0,237	0,5	0,241	0,5	0,245
0,6	0,284	0,6	0,289	0,6	0,294
0,7	0,332	0,7	0,337	0,7	0,343
0,8	0,379	0,8	0,385	0,8	0,392
0,9	0,426	0,9	0,433	0,9	0,440
1,0	0,474	1,0	0,482	1,0	0,489
2,0	0,948	2,0	0,963	2,0	0,979
3,0	1,421	3,0	1,445	3,0	1,468
4,0	1,895	4,0	1,926	4,0	1,958
5,0	2,369	5,0	2,408	5,0	2,447
6,0	2,843	6,0	2,889	6,0	2,937
7,0	3,316	7,0	3,371	7,0	3,426
8,0	3,790	8,0	3,853	8,0	3,915
9,0	4,264	9,0	4,334	9,0	4,405
10,0	4,738	10,0	4,816	10,0	4,894

CIRCONFÉRENCES

2m, 50		2m, 52		2m, 54	
longueur	CUBES.	longueur	CUBES.	longueur	CUBES.
mètres.	mètres cubes.	mètres.	mètres cubes.	mètres.	mètres cubes.
0,1	0,050	0,1	0,051	0,1	0,051
0,2	0,099	0,2	0,101	0,2	0,103
0,3	0,149	0,3	0,152	0,3	0,154
0,4	0,199	0,4	0,202	0,4	0,205
0,5	0,249	0,5	0,253	0,5	0,257
0,6	0,298	0,6	0,303	0,6	0,308
0,7	0,348	0,7	0,354	0,7	0,359
0,8	0,398	0,8	0,404	0,8	0,411
0,9	0,448	0,9	0,455	0,9	0,462
1,0	0,497	1,0	0,505	1,0	0,513
2,0	0,995	2,0	1,011	2,0	1,027
3,0	1,492	3,0	1,516	3,0	1,540
4,0	1,989	4,0	2,021	4,0	2,054
5,0	2,487	5,0	2,527	5,0	2,567
6,0	2,984	6,0	3,032	6,0	3,080
7,0	3,482	7,0	3,537	7,0	3,594
8,0	3,979	8,0	4,043	8,0	4,107
9,0	4,476	9,0	4,548	9,0	4,621
10,0	4,974	10,0	5,053	10,0	5,134

CIRCONFÉRENCES

2m, 56		2m, 58		2m, 60	
longueur	CUBES.	longueur	CUBES.	longueur	CUBES.
mètres.	mètres cubes.	mètres.	mètres cubes.	mètres.	mètres cubes.
0,1	0,052	0,1	0,053	0,1	0,054
0,2	0,104	0,2	0,106	0,2	0,108
0,3	0,156	0,3	0,159	0,3	0,161
0,4	0,209	0,4	0,212	0,4	0,215
0,5	0,261	0,5	0,265	0,5	0,269
0,6	0,313	0,6	0,318	0,6	0,323
0,7	0,365	0,7	0,371	0,7	0,377
0,8	0,417	0,8	0,424	0,8	0,430
0,9	0,469	0,9	0,477	0,9	0,484
1,0	0,522	1,0	0,530	1,0	0,538
2,0	1,043	2,0	1,059	2,0	1,076
3,0	1,565	3,0	1,589	3,0	1,614
4,0	2,086	4,0	2,119	4,0	2,152
5,0	2,608	5,0	2,648	5,0	2,690
6,0	3,129	6,0	3,178	6,0	3,228
7,0	3,651	7,0	3,708	7,0	3,766
8,0	4,172	8,0	4,238	8,0	4,304
9,0	4,694	9,0	4,767	9,0	4,841
10,0	5,215	10,0	5,297	10,0	5,379

CIRCONFÉRENCES

2m, 62		2m, 64		2m, 66	
longueur	CUBES.	longueur	CUBES.	longueur	CUBES.
mètres.	mètres cubes.	mètres.	mètres cubes.	mètres.	mètres cubes.
0,1	0,055	0,1	0,055	0,1	0,056
0,2	0,109	0,2	0,111	0,2	0,113
0,3	0,164	0,3	0,166	0,3	0,169
0,4	0,218	0,4	0,222	0,4	0,225
0,5	0,273	0,5	0,277	0,5	0,282
0,6	0,328	0,6	0,333	0,6	0,338
0,7	0,382	0,7	0,388	0,7	0,394
0,8	0,437	0,8	0,444	0,8	0,450
0,9	0,492	0,9	0,499	0,9	0,507
1,0	0,546	1,0	0,555	1,0	0,563
2,0	1,093	2,0	1,109	2,0	1,126
3,0	1,639	3,0	1,664	3,0	1,689
4,0	2,185	4,0	2,218	4,0	2,252
5,0	2,731	5,0	2,773	5,0	2,815
6,0	3,278	6,0	3,328	6,0	3,378
7,0	3,824	7,0	3,882	7,0	3,941
8,0	4,370	8,0	4,437	8,0	4,504
9,0	4,916	9,0	4,992	9,0	5,068
10,0	5,463	10,0	5,546	10,0	5,631

CIRCONFÉRENCES

2m, 68		2m, 70		2m, 72	
longueur	CUBES.	longueur	CUBES.	longueur	CUBES.
mètres.	mètres cubes.	mètres.	mètres cubes.	mètres.	mètres cubes.
0,1	0,057	0,1	0,058	0,1	0,059
0,2	0,114	0,2	0,116	0,2	0,118
0,3	0,171	0,3	0,174	0,3	0,177
0,4	0,229	0,4	0,232	0,4	0,235
0,5	0,286	0,5	0,290	0,5	0,294
0,6	0,343	0,6	0,348	0,6	0,353
0,7	0,400	0,7	0,406	0,7	0,412
0,8	0,457	0,8	0,464	0,8	0,471
0,9	0,514	0,9	0,522	0,9	0,530
1,0	0,572	1,0	0,580	1,0	0,589
2,0	1,143	2,0	1,160	2,0	1,177
3,0	1,715	3,0	1,740	3,0	1,766
4,0	2,286	4,0	2,320	4,0	2,355
5,0	2,858	5,0	2,901	5,0	2,944
6,0	3,429	6,0	3,481	6,0	3,532
7,0	4,001	7,0	4,061	7,0	4,121
8,0	4,572	8,0	4,641	8,0	4,710
9,0	5,144	9,0	5,221	9,0	5,299
10,0	5,716	10,0	5,801	10,0	5,887

CIRCONFÉRENCES

2m, 74		2m, 76		2m, 78	
longueur	CUBES.	longueur	CUBES.	longueur	CUBES.
mètres.	mètres cubes.	mètres.	mètres cubes.	mètres.	mètres cubes.
0,1	0,060	0,1	0,061	0,1	0,062
0,2	0,119	0,2	0,121	0,2	0,123
0,3	0,179	0,3	0,182	0,3	0,185
0,4	0,239	0,4	0,242	0,4	0,246
0,5	0,299	0,5	0,303	0,5	0,308
0,6	0,358	0,6	0,364	0,6	0,369
0,7	0,418	0,7	0,424	0,7	0,431
0,8	0,478	0,8	0,485	0,8	0,492
0,9	0,538	0,9	0,546	0,9	0,554
1,0	0,597	1,0	0,606	1,0	0,615
2,0	1,195	2,0	1,212	2,0	1,230
3,0	1,792	3,0	1,819	3,0	1,845
4,0	2,390	4,0	2,425	4,0	2,460
5,0	2,987	5,0	3,031	5,0	3,075
6,0	3,585	6,0	3,637	6,0	3,690
7,0	4,182	7,0	4,243	7,0	4,305
8,0	4,779	8,0	4,850	8,0	4,920
9,0	5,377	9,0	5,456	9,0	5,535
10,0	5,974	10,0	6,062	10,0	6,150

CIRCONFÉRENCES

2m,80		2m,82		2m,84	
longueur	CUBES.	longueur	CUBES.	longueur	CUBES.
mètres.	mètres cubes.	mètres.	mètres cubes.	mètres.	mètres cubes.
0,1	0,062	0,1	0,063	0,1	0,064
0,2	0,125	0,2	0,127	0,2	0,128
0,3	0,187	0,3	0,190	0,3	0,193
0,4	0,250	0,4	0,253	0,4	0,257
0,5	0,312	0,5	0,316	0,5	0,321
0,6	0,374	0,6	0,380	0,6	0,385
0,7	0,437	0,7	0,443	0,7	0,449
0,8	0,499	0,8	0,506	0,8	0,513
0,9	0,561	0,9	0,570	0,9	0,578
1,0	0,624	1,0	0,633	1,0	0,642
2,0	1,248	2,0	1,266	2,0	1,284
3,0	1,872	3,0	1,898	3,0	1,926
4,0	2,496	4,0	2,531	4,0	2,567
5,0	3,119	5,0	3,164	5,0	3,209
6,0	3,743	6,0	3,797	6,0	3,851
7,0	4,367	7,0	4,430	7,0	4,493
8,0	4,991	8,0	5,063	8,0	5,135
9,0	5,615	9,0	5,695	9,0	5,777
10,0	6,239	10,0	6,328	10,0	6,418

CIRCONFÉRENCES

2m, 86		2m, 88		2m, 90	
longueur	CUBES.	longueur	CUBES.	longueur	CUBES.
mètres.	mètres cubes.	mètres.	mètres cubes.	mètres.	mètres cubes.
0,1	0,065	0,1	0,066	0,1	0,067
0,2	0,130	0,2	0,132	0,2	0,134
0,3	0,195	0,3	0,198	0,3	0,201
0,4	0,260	0,4	0,264	0,4	0,268
0,5	0,325	0,5	0,330	0,5	0,335
0,6	0,391	0,6	0,396	0,6	0,402
0,7	0,456	0,7	0,462	0,7	0,468
0,8	0,521	0,8	0,528	0,8	0,535
0,9	0,586	0,9	0,594	0,9	0,602
1,0	0,651	1,0	0,660	1,0	0,669
2,0	1,302	2,0	1,320	2,0	1,338
3,0	1,953	3,0	1,980	3,0	2,008
4,0	2,604	4,0	2,640	4,0	2,677
5,0	3,255	5,0	3,300	5,0	3,346
6,0	3,905	6,0	3,960	6,0	4,015
7,0	4,556	7,0	4,620	7,0	4,685
8,0	5,207	8,0	5,280	8,0	5,354
9,0	5,858	9,0	5,940	9,0	6,023
10,0	6,509	10,0	6,600	10,0	6,692

CIRCONFÉRENCES

2m, 92		2m, 94		2m, 96	
longueur	CUBES.	longueur	CUBES.	longueur	CUBES.
mètres.	mètres cubes.	mètres.	mètres cubes.	mètres.	mètres cubes.
0,1	0,068	0,1	0,069	0,1	0,070
0,2	0,136	0,2	0,138	0,2	0,139
0,3	0,204	0,3	0,206	0,3	0,209
0,4	0,271	0,4	0,275	0,4	0,279
0,5	0,339	0,5	0,344	0,5	0,349
0,6	0,407	0,6	0,413	0,6	0,418
0,7	0,475	0,7	0,481	0,7	0,488
0,8	0,543	0,8	0,550	0,8	0,558
0,9	0,611	0,9	0,619	0,9	0,628
1,0	0,679	1,0	0,688	1,0	0,697
2,0	1,357	2,0	1,376	2,0	1,394
3,0	2,036	3,0	2,064	3,0	2,092
4,0	2,714	4,0	2,751	4,0	2,789
5,0	3,393	5,0	3,439	5,0	3,486
6,0	4,071	6,0	4,127	6,0	4,183
7,0	4,750	7,0	4,815	7,0	4,881
8,0	5,428	8,0	5,503	8,0	5,578
9,0	6,107	9,0	6,191	9,0	6,275
10,0	6,785	10,0	6,878	10,0	6,972

CIRCONFÉRENCES

2m, 98		3m, 00		3m, 02	
longueur	CUBES.	longueur	CUBES.	longueur	CUBES.
mètres.	mètres cubes.	mètres.	mètres cubes.	mètres.	mètres cubes.
0,1	0,071	0,1	0,072	0,1	0,073
0,2	0,141	0,2	0,143	0,2	0,145
0,3	0,212	0,3	0,215	0,3	0,218
0,4	0,283	0,4	0,286	0,4	0,290
0,5	0,353	0,5	0,358	0,5	0,363
0,6	0,424	0,6	0,430	0,6	0,435
0,7	0,495	0,7	0,501	0,7	0,508
0,8	0,565	0,8	0,573	0,8	0,581
0,9	0,636	0,9	0,645	0,9	0,653
1,0	0,707	1,0	0,716	1,0	0,726
2,0	1,413	2,0	1,432	2,0	1,452
3,0	2,120	3,0	2,149	3,0	2,177
4,0	2,827	4,0	2,865	4,0	2,903
5,0	3,533	5,0	3,581	5,0	3,629
6,0	4,240	6,0	4,297	6,0	4,355
7,0	4,947	7,0	5,013	7,0	5,080
8,0	5,653	8,0	5,730	8,0	5,806
9,0	6,360	9,0	6,446	9,0	6,532
10,0	7,067	10,0	7,162	10,0	7,258

CIRCONFÉRENCES

3m, 04		3m, 06		3m, 08	
longueur	CUBES.	longueur	CUBES.	longueur	CUBES.
mètres.	mètres cubes.	mètres.	mètres cubes.	mètres.	mètres cubes.
0,1	0,074	0,1	0,075	0,1	0,075
0,2	0,147	0,2	0,149	0,2	0,151
0,3	0,221	0,3	0,224	0,3	0,226
0,4	0,294	0,4	0,298	0,4	0,302
0,5	0,368	0,5	0,373	0,5	0,377
0,6	0,441	0,6	0,447	0,6	0,453
0,7	0,515	0,7	0,522	0,7	0,528
0,8	0,588	0,8	0,596	0,8	0,604
0,9	0,662	0,9	0,671	0,9	0,679
1,0	0,735	1,0	0,745	1,0	0,755
2,0	1,471	2,0	1,490	2,0	1,510
3,0	2,206	3,0	2,235	3,0	2,265
4,0	2,942	4,0	2,981	4,0	3,020
5,0	3,677	5,0	3,726	5,0	3,775
6,0	4,413	6,0	4,471	6,0	4,529
7,0	5,148	7,0	5,216	7,0	5,284
8,0	5,883	8,0	5,961	8,0	6,039
9,0	6,619	9,0	6,706	9,0	6,794
10,0	7,354	10,0	7,451	10,0	7,549

CIRCONFÉRENCES

3ᵐ, 10		3ᵐ, 12		3ᵐ, 14	
longueur	CUBES.	longueur	CUBES.	longueur	CUBES.
mètres.	mètres cubes.	mètres.	mètres cubes.	mètres.	mètres cubes.
0,1	0,076	0,1	0,077	0,1	0,078
0,2	0,153	0,2	0,155	0,2	0,157
0,3	0,229	0,3	0,232	0,3	0,235
0,4	0,306	0,4	0,310	0,4	0,314
0,5	0,382	0,5	0,387	0,5	0,392
0,6	0,459	0,6	0,465	0,6	0,471
0,7	0,535	0,7	0,542	0,7	0,549
0,8	0,612	0,8	0,620	0,8	0,628
0,9	0,688	0,9	0,697	0,9	0,706
1,0	0,765	1,0	0,775	1,0	0,785
2,0	1,529	2,0	1,549	2,0	1,569
3,0	2,294	3,0	2,324	3,0	2,354
4,0	3,059	4,0	3,099	4,0	3,138
5,0	3,824	5,0	3,873	5,0	3,923
6,0	4,588	6,0	4,648	6,0	4,708
7,0	5,353	7,0	5,422	7,0	5,492
8,0	6,118	8,0	6,197	8,0	6,277
9,0	6,883	9,0	6,972	9,0	7,061
10,0	7,647	10,0	7,746	10,0	7,846

CIRCONFÉRENCES

3m, 16		3m, 18		3m, 20	
longueur	CUBES.	longueur	CUBES.	longueur	CUBES.
mètres.	mètres cubes.	mètres.	mètres cubes.	mètres.	mètres cubes.
0,1	0,079	0,1	0,080	0,1	0,081
0,2	0,159	0,2	0,161	0,2	0,163
0,3	0,238	0,3	0,241	0,3	0,244
0,4	0,318	0,4	0,322	0,4	0,326
0,5	0,397	0,5	0,402	0,5	0,407
0,6	0,477	0,6	0,483	0,6	0,489
0,7	0,556	0,7	0,563	0,7	0,570
0,8	0,636	0,8	0,644	0,8	0,652
0,9	0,715	0,9	0,724	0,9	0,733
1,0	0,795	1,0	0,805	1,0	0,815
2,0	1,589	2,0	1,609	2,0	1,630
3,0	2,384	3,0	2,414	3,0	2,445
4,0	3,179	4,0	3,219	4,0	3,259
5,0	3,973	5,0	4,024	5,0	4,074
6,0	4,768	6,0	4,828	6,0	4,889
7,0	5,562	7,0	5,633	7,0	5,704
8,0	6,357	8,0	6,438	8,0	6,519
9,0	7,152	9,0	7,242	9,0	7,334
10,0	7,946	10,0	8,047	10,0	8,149

CIRCONFÉRENCES

3m, 22		3m, 24		3m, 26	
longueur	CUBES.	longueur	CUBES.	longueur	CUBES.
mètres.	mètres cubes.	mètres.	mètres cubes.	mètres.	mètres cubes.
0,1	0,083	0,1	0,084	0,1	0,085
0,2	0,165	0,2	0,167	0,2	0,169
0,3	0,248	0,3	0,251	0,3	0,254
0,4	0,330	0,4	0,334	0,4	0,338
0,5	0,413	0,5	0,418	0,5	0,423
0,6	0,495	0,6	0,501	0,6	0,507
0,7	0,578	0,7	0,585	0,7	0,592
0,8	0,660	0,8	0,668	0,8	0,677
0,9	0,743	0,9	0,752	0,9	0,761
1,0	0,825	1,0	0,835	1,0	0,846
2,0	1,650	2,0	1,671	2,0	1,691
3,0	2,475	3,0	2,506	3,0	2,537
4,0	3,300	4,0	3,341	4,0	3,383
5,0	4,125	5,0	4,177	5,0	4,229
6,0	4,951	6,0	5,012	6,0	5,074
7,0	5,776	7,0	5,848	7,0	5,920
8,0	6,601	8,0	6,683	8,0	6,766
9,0	7,426	9,0	7,518	9,0	7,611
10,0	8,251	10,0	8,354	10,0	8,457

CIRCONFÉRENCES

3m, 28		3m, 30		3m, 32	
longueur	CUBES.	longueur	CUBES.	longueur	CUBES.
mètres.	mètres cubes.	mètres.	mètres cubes.	mètres.	mètres cubes.
0,1	0,086	0,1	0,087	0,1	0,088
0,2	0,171	0,2	0,173	0,2	0,175
0,3	0,257	0,3	0,260	0,3	0,263
0,4	0,342	0,4	0,347	0,4	0,351
0,5	0,428	0,5	0,433	0,5	0,439
0,6	0,514	0,6	0,520	0,6	0,526
0,7	0,599	0,7	0,607	0,7	0,614
0,8	0,685	0,8	0,693	0,8	0,702
0,9	0,771	0,9	0,780	0,9	0,789
1,0	0,856	1,0	0,867	1,0	0,877
2,0	1,712	2,0	1,733	2,0	1,754
3,0	2,568	3,0	2,600	3,0	2,631
4,0	3,425	4,0	3,466	4,0	3,509
5,0	4,281	5,0	4,333	5,0	4,386
6,0	5,137	6,0	5,200	6,0	5,263
7,0	5,993	7,0	6,066	7,0	6,140
8,0	6,849	8,0	6,933	8,0	7,017
9,0	7,705	9,0	7,799	9,0	7,894
10,0	8,561	10,0	8,666	10,0	8,771

CIRCONFÉRENCES

3m, 34		3m, 36		3m, 38	
longueur	CUBES.	longueur	CUBES.	longueur	CUBES.
mètres.	mètres cubes.	mètres.	mètres cubes.	mètres.	mètres cubes.
0,1	0,089	0,1	0,090	0,1	0,091
0,2	0,178	0,2	0,180	0,2	0,182
0,3	0,266	0,3	0,270	0,3	0,273
0,4	0,355	0,4	0,359	0,4	0,364
0,5	0,444	0,5	0,449	0,5	0,455
0,6	0,533	0,6	0,539	0,6	0,545
0,7	0,621	0,7	0,629	0,7	0,636
0,8	0,710	0,8	0,719	0,8	0,727
0,9	0,799	0,9	0,809	0,9	0,818
1,0	0,888	1,0	0,898	1,0	0,909
2,0	1,775	2,0	1,797	2,0	1,818
3,0	2,663	3,0	2,695	3,0	2,727
4,0	3,551	4,0	3,594	4,0	3,636
5,0	4,439	5,0	4,492	5,0	4,546
6,0	5,326	6,0	5,390	6,0	5,455
7,0	6,214	7,0	6,289	7,0	6,364
8,0	7,102	8,0	7,187	8,0	7,273
9,0	7,990	9,0	8,086	9,0	8,182
10,0	8,877	10,0	8,984	10,0	9,091

CIRCONFÉRENCES

3m, 40		3m, 42		3m, 44	
longueur	CUBES.	longueur	CUBES.	longueur	CUBES.
mètres.	mètres cubes.	mètres.	mètres cubes.	mètres.	mètres cubes.
0,1	0,092	0,1	0,093	0,1	0,094
0,2	0,184	0,2	0,186	0,2	0,188
0,3	0,276	0,3	0,279	0,3	0,283
0,4	0,368	0,4	0,372	0,4	0,377
0,5	0,460	0,5	0,465	0,5	0,471
0,6	0,552	0,6	0,558	0,6	0,565
0,7	0,644	0,7	0,652	0,7	0,659
0,8	0,736	0,8	0,745	0,8	0,753
0,9	0,828	0,9	0,838	0,9	0,848
1,0	0,920	1,0	0,931	1,0	0,942
2,0	1,840	2,0	1,862	2,0	1,883
3,0	2,760	3,0	2,792	3,0	2,825
4,0	3,680	4,0	3,723	4,0	3,767
5,0	4,600	5,0	4,654	5,0	4,708
6,0	5,519	6,0	5,585	6,0	5,650
7,0	6,439	7,0	6,515	7,0	6,592
8,0	7,359	8,0	7,446	8,0	7,534
9,0	8,279	9,0	8,377	9,0	8,475
10,0	9,199	10,0	9,308	10,0	9,417

CIRCONFÉRENCES

3m,46		3m,48		3m,50	
longueur	CUBES.	longueur	CUBES.	longueur	CUBES.
mètres.	mètres cubes.	mètres.	mètres cubes.	mètres.	mètres cubes.
0,1	0,095	0,1	0,096	0,1	0,097
0,2	0,191	0,2	0,193	0,2	0,195
0,3	0,286	0,3	0,289	0,3	0,292
0,4	0,381	0,4	0,385	0,4	0,390
0,5	0,476	0,5	0,482	0,5	0,487
0,6	0,572	0,6	0,578	0,6	0,585
0,7	0,667	0,7	0,675	0,7	0,682
0,8	0,762	0,8	0,771	0,8	0,780
0,9	0,857	0,9	0,867	0,9	0,877
1,0	0,953	1,0	0,964	1,0	0,975
2,0	1,905	2,0	1,927	2,0	1,950
3,0	2,858	3,0	2,891	3,0	2,924
4,0	3,811	4,0	3,855	4,0	3,899
5,0	4,763	5,0	4,819	5,0	4,874
6,0	5,716	6,0	5,782	6,0	5,849
7,0	6,669	7,0	6,746	7,0	6,824
8,0	7,621	8,0	7,710	8,0	7,799
9,0	8,574	9,0	8,673	9,0	8,773
10,0	9,527	10,0	9,637	10,0	9,748

CIRCONFÉRENCES

3m, 52		3m, 54		3m, 56	
longueur	CUBES.	longueur	CUBES.	longueur	CUBES.
mètres.	mètres cubes.	mètres.	mètres cubes.	mètres.	mètres cubes.
0,1	0,099	0,1	0,100	0,1	0,101
0,2	0,197	0,2	0,199	0,2	0,202
0,3	0,296	0,3	0,299	0,3	0,303
0,4	0,394	0,4	0,399	0,4	0,403
0,5	0,493	0,5	0,499	0,5	0,504
0,6	0,592	0,6	0,598	0,6	0,605
0,7	0,690	0,7	0,698	0,7	0,706
0,8	0,789	0,8	0,798	0,8	0,807
0,9	0,887	0,9	0,898	0,9	0,908
1,0	0,986	1,0	0,997	1,0	1,009
2,0	1,972	2,0	1,994	2,0	2,017
3,0	2,958	3,0	2,992	3,0	3,026
4,0	3,944	4,0	3,989	4,0	4,034
5,0	4,930	5,0	4,986	5,0	5,043
6,0	5,916	6,0	5,983	6,0	6,051
7,0	6,902	7,0	6,981	7,0	7,060
8,0	7,888	8,0	7,978	8,0	8,068
9,0	8,874	9,0	8,975	9,0	9,077
10,0	9,860	10,0	9,972	10,0	10,085

CIRCONFÉRENCES

3ᵐ, 58		3ᵐ, 60		3ᵐ, 62	
longueur	CUBES.	longueur	CUBES.	longueur	CUBES.
mètres.	mètres cubes.	mètres.	mètres cubes.	mètres.	mètres cubes.
0,1	0,102	0,1	0,103	0,1	0,104
0,2	0,204	0,2	0,206	0,2	0,209
0,3	0,306	0,3	0,309	0,3	0,313
0,4	0,408	0,4	0,413	0,4	0,417
0,5	0,510	0,5	0,516	0,5	0,521
0,6	0,612	0,6	0,619	0,6	0,626
0,7	0,714	0,7	0,722	0,7	0,730
0,8	0,816	0,8	0,825	0,8	0,834
0,9	0,918	0,9	0,928	0,9	0,939
1,0	1,020	1,0	1,031	1,0	1,043
2,0	2,040	2,0	2,063	2,0	2,086
3,0	3,060	3,0	3,094	3,0	3,128
4,0	4,080	4,0	4,125	4,0	4,171
5,0	5,099	5,0	5,157	5,0	5,214
6,0	6,119	6,0	6,188	6,0	6,257
7,0	7,139	7,0	7,219	7,0	7,300
8,0	8,159	8,0	8,251	8,0	8,343
9,0	9,179	9,0	9,282	9,0	9,385
10,0	10,199	10,0	10,313	10,0	10,428

CIRCONFÉRENCES

3m, 64		3m, 66		3m, 68	
longueur	CUBES.	longueur	CUBES.	longueur	CUBES.
mètres.	mètres cubes.	mètres.	mètres cubes.	mètres.	mètres cubes.
0,1	0,105	0,1	0,107	0,1	0,108
0,2	0,211	0,2	0,213	0,2	0,216
0,3	0,316	0,3	0,320	0,3	0,323
0,4	0,422	0,4	0,426	0,4	0,431
0,5	0,527	0,5	0,533	0,5	0,539
0,6	0,633	0,6	0,640	0,6	0,647
0,7	0,738	0,7	0,746	0,7	0,754
0,8	0,843	0,8	0,853	0,8	0,862
0,9	0,949	0,9	0,959	0,9	0,970
1,0	1,054	1,0	1,066	1,0	1,078
2,0	2,109	2,0	2,132	2,0	2,155
3,0	3,163	3,0	3,198	3,0	3,233
4,0	4,217	4,0	4,264	4,0	4,311
5,0	5,272	5,0	5,330	5,0	5,388
6,0	6,326	6,0	6,396	6,0	6,466
7,0	7,381	7,0	7,462	7,0	7,544
8,0	8,435	8,0	8,528	8,0	8,621
9,0	9,489	9,0	9,594	9,0	9,699
10,0	10,544	10,0	10,660	10,0	10,777

CIRCONFÉRENCES

3m, 70		3m, 72		3m, 74	
longueur	CUBES.	longueur	CUBES.	longueur	CUBES.
mètres.	mètres cubes.	mètres.	mètres cubes.	mètres.	mètres cubes.
0,1	0,109	0,1	0,110	0,1	0,111
0,2	0,218	0,2	0,220	0,2	0,223
0,3	0,327	0,3	0,330	0,3	0,334
0,4	0,436	0,4	0,440	0,4	0,445
0,5	0,545	0,5	0,551	0,5	0,557
0,6	0,654	0,6	0,661	0,6	0,668
0,7	0,763	0,7	0,771	0,7	0,779
0,8	0,872	0,8	0,881	0,8	0,890
0,9	0,980	0,9	0,991	0,9	1,002
1,0	1,089	1,0	1,101	1,0	1,113
2,0	2,179	2,0	2,202	2,0	2,226
3,0	3,268	3,0	3,304	3,0	3,339
4,0	4,358	4,0	4,405	4,0	4,452
5,0	5,447	5,0	5,506	5,0	5,565
6,0	6,536	6,0	6,607	6,0	6,679
7,0	7,626	7,0	7,709	7,0	7,792
8,0	8,715	8,0	8,810	8,0	8,905
9,0	9,805	9,0	9,911	9,0	10,018
10,0	10,894	10,0	11,012	10,0	11,131

CIRCONFÉRENCES

3m, 76		3m, 78		3m, 80	
longueur	CUBES.	longueur	CUBES.	longueur	CUBES.
mètres.	mètres cubes.	mètres.	mètres cubes.	mètres.	mètres cubes.
0,1	0,113	0,1	0,114	0,1	0,115
0,2	0,225	0,2	0,227	0,2	0,230
0,3	0,338	0,3	0,341	0,3	0,345
0,4	0,450	0,4	0,455	0,4	0,460
0,5	0,563	0,5	0,569	0,5	0,575
0,6	0,675	0,6	0,682	0,6	0,689
0,7	0,788	0,7	0,796	0,7	0,804
0,8	0,900	0,8	0,910	0,8	0,919
0,9	1,013	0,9	1,023	0,9	1,034
1,0	1,125	1,0	1,137	1,0	1,149
2,0	2,250	2,0	2,274	2,0	2,298
3,0	3,375	3,0	3,411	3,0	3,447
4,0	4,500	4,0	4,548	4,0	4,596
5,0	5,625	5,0	5,685	5,0	5,745
6,0	6,750	6,0	6,822	6,0	6,895
7,0	7,875	7,0	7,959	7,0	8,044
8,0	9,000	8,0	9,096	8,0	9,193
9,0	10,125	9,0	10,233	9,0	10,342
10,0	11,250	10,0	11,370	10,0	11,491

CIRCONFÉRENCES

3m, 82		3m, 84		3m, 86	
longueur	CUBES.	longueur	CUBES.	longueur	CUBES.
mètres.	mètres cubes.	mètres.	mètres cubes.	mètres.	mètres cubes.
0,1	0,116	0,1	0,117	0,1	0,119
0,2	0,232	0,2	0,235	0,2	0,237
0,3	0,348	0,3	0,352	0,3	0,356
0,4	0,464	0,4	0,469	0,4	0,474
0,5	0,581	0,5	0,587	0,5	0,593
0,6	0,697	0,6	0,704	0,6	0,711
0,7	0,813	0,7	0,821	0,7	0,830
0,8	0,929	0,8	0,939	0,8	0,949
0,9	1,045	0,9	1,056	0,9	1,067
1,0	1,161	1,0	1,173	1,0	1,186
2,0	2,322	2,0	2,347	2,0	2,371
3,0	3,484	3,0	3,520	3,0	3,557
4,0	4,645	4,0	4,694	4,0	4,743
5,0	5,806	5,0	5,867	5,0	5,928
6,0	6,967	6,0	7,044	6,0	7,114
7,0	8,129	7,0	8,214	7,0	8,300
8,0	9,290	8,0	9,387	8,0	9,485
9,0	10,451	9,0	10,561	9,0	10,671
10,0	11,612	10,0	11,734	10,0	11,857

CIRCONFÉRENCES

3m, 88		3m, 90		3m, 92	
longueur	CUBES.	longueur	CUBES.	longueur	CUBES.
mètres.	mètres cubes.	mètres.	mètres cubes.	mètres.	mètres cubes.
0,1	0,120	0,1	0,121	0,1	0,122
0,2	0,240	0,2	0,242	0,2	0,245
0,3	0,359	0,3	0,363	0,3	0,367
0,4	0,479	0,4	0,484	0,4	0,489
0,5	0,599	0,5	0,605	0,5	0,611
0,6	0,719	0,6	0,726	0,6	0,734
0,7	0,839	0,7	0,847	0,7	0,856
0,8	0,958	0,8	0,968	0,8	0,978
0,9	1,078	0,9	1,089	0,9	1,101
1,0	1,198	1,0	1,210	1,0	1,223
2,0	2,396	2,0	2,421	2,0	2,446
3,0	3,594	3,0	3,631	3,0	3,668
4,0	4,792	4,0	4,841	4,0	4,891
5,0	5,990	5,0	6,052	5,0	6,114
6,0	7,188	6,0	7,262	6,0	7,337
7,0	8,386	7,0	8,473	7,0	8,560
8,0	9,584	8,0	9,683	8,0	9,783
9,0	10,782	9,0	10,893	9,0	11,005
10,0	11,980	10,0	12,104	10,0	12,228

CIRCONFÉRENCES

3m, 94		3m, 96		3m, 98	
longueur	CUBES.	longueur	CUBES.	longueur	CUBES.
mètres.	mètres cubes.	mètres.	mètres cubes.	mètres.	mètres cubes.
0,1	0,124	0,1	0,125	0,1	0,126
0,2	0,247	0,2	0,250	0,2	0,252
0,3	0,371	0,3	0,374	0,3	0,378
0,4	0,494	0,4	0,499	0,4	0,504
0,5	0,618	0,5	0,624	0,5	0,630
0,6	0,741	0,6	0,749	0,6	0,756
0,7	0,865	0,7	0,874	0,7	0,882
0,8	0,988	0,8	0,998	0,8	1,008
0,9	1,112	0,9	1,123	0,9	1,134
1,0	1,235	1,0	1,248	1,0	1,261
2,0	2,471	2,0	2,496	2,0	2,521
3,0	3,706	3,0	3,744	3,0	3,782
4,0	4,941	4,0	4,992	4,0	5,042
5,0	6,177	5,0	6,240	5,0	6,303
6,0	7,412	6,0	7,487	6,0	7,563
7,0	8,647	7,0	8,735	7,0	8,824
8,0	9,883	8,0	9,983	8,0	10,084
9,0	11,118	9,0	11,231	9,0	11,345
10,0	12,353	10,0	12,479	10,0	12,605

CIRCONFÉRENCES

4m, 00		4m, 02		4m, 04	
longueur	CUBES.	longueur	CUBES.	longueur	CUBES.
mètres.	mètres cubes.	mètres.	mètres cubes.	mètres.	mètres cubes.
0,1	0,127	0,1	0,129	0,1	0,130
0,2	0,255	0,2	0,257	0,2	0,260
0,3	0,382	0,3	0,386	0,3	0,390
0,4	0,509	0,4	0,514	0,4	0,520
0,5	0,637	0,5	0,643	0,5	0,649
0,6	0,764	0,6	0,772	0,6	0,779
0,7	0,891	0,7	0,900	0,7	0,909
0,8	1,019	0,8	1,029	0,8	1,039
0,9	1,146	0,9	1,157	0,9	1,169
1,0	1,273	1,0	1,286	1,0	1,299
2,0	2,546	2,0	2,572	2,0	2,598
3,0	3,820	3,0	3,858	3,0	3,896
4,0	5,093	4,0	5,144	4,0	5,195
5,0	6,366	5,0	6,430	5,0	6,494
6,0	7,639	6,0	7,716	6,0	7,793
7,0	8,913	7,0	9,002	7,0	9,094
8,0	10,186	8,0	10,288	8,0	10,391
9,0	11,459	9,0	11,574	9,0	11,689
10,0	12,732	10,0	12,860	10,0	12,988

CIRCONFÉRENCES

4ᵐ, 06		4ᵐ, 08		4ᵐ, 10	
longueur	CUBES.	longueur	CUBES.	longueur	CUBES.
mètres.	mètres cubes.	mètres.	mètres cubes.	mètres.	mètres cubes.
0,1	0,131	0,1	0,132	0,1	0,134
0,2	0,262	0,2	0,265	0,2	0,268
0,3	0,394	0,3	0,397	0,3	0,401
0,4	0,525	0,4	0,530	0,4	0,535
0,5	0,656	0,5	0,662	0,5	0,669
0,6	0,787	0,6	0,795	0,6	0,803
0,7	0,918	0,7	0,927	0,7	0,936
0,8	1,049	0,8	1,060	0,8	1,070
0,9	1,181	0,9	1,192	0,9	1,204
1,0	1,312	1,0	1,325	1,0	1,338
2,0	2,623	2,0	2,649	2,0	2,675
3,0	3,935	3,0	3,974	3,0	4,013
4,0	5,247	4,0	5,299	4,0	5,351
5,0	6,559	5,0	6,623	5,0	6,688
6,0	7,870	6,0	7,948	6,0	8,026
7,0	9,182	7,0	9,273	7,0	9,364
8,0	10,494	8,0	10,597	8,0	10,702
9,0	11,806	9,0	11,922	9,0	12,039
10,0	13,117	10,0	13,247	10,0	13,377

CIRCONFÉRENCES

\textbf{4m, 12}		\textbf{4m, 14}		\textbf{4m, 16}	
longueur	CUBES.	longueur	CUBES.	longueur	CUBES.
mètres.	mètres cubes.	mètres.	mètres cubes.	mètres.	mètres cubes.
0,1	0,135	0,1	0,136	0,1	0,138
0,2	0,270	0,2	0,273	0,2	0,275
0,3	0,405	0,3	0,409	0,3	0,413
0,4	0,540	0,4	0,546	0,4	0,551
0,5	0,675	0,5	0,682	0,5	0,689
0,6	0,810	0,6	0,818	0,6	0,826
0,7	0,946	0,7	0,955	0,7	0,964
0,8	1,081	0,8	1,091	0,8	1,102
0,9	1,216	0,9	1,228	0,9	1,239
1,0	1,351	1,0	1,364	1,0	1,377
2,0	2,702	2,0	2,728	2,0	2,754
3,0	4,052	3,0	4,092	3,0	4,131
4,0	5,403	4,0	5,456	4,0	5,508
5,0	6,754	5,0	6,820	5,0	6,886
6,0	8,105	6,0	8,183	6,0	8,263
7,0	9,455	7,0	9,547	7,0	9,640
8,0	10,806	8,0	10,911	8,0	11,017
9,0	12,157	9,0	12,275	9,0	12,394
10,0	13,508	10,0	13,639	10,0	13,771

CIRCONFÉRENCES

4m, 18		4m, 20		4m, 22	
longueur	CUBES.	longueur	CUBES.	longueur	CUBES.
mètres.	mètres cubes.	mètres.	mètres cubes.	mètres.	mètres cubes.
0,1	0,139	0,1	0,140	0,1	0,142
0,2	0,278	0,2	0,281	0,2	0,283
0,3	0,417	0,3	0,421	0,3	0,425
0,4	0,556	0,4	0,561	0,4	0,567
0,5	0,695	0,5	0,702	0,5	0,709
0,6	0,834	0,6	0,842	0,6	0,850
0,7	0,973	0,7	0,983	0,7	0,992
0,8	1,112	0,8	1,123	0,8	1,134
0,9	1,251	0,9	1,263	0,9	1,275
1,0	1,390	1,0	1,404	1,0	1,417
2,0	2,781	2,0	2,807	2,0	2,834
3,0	4,171	3,0	4,211	3,0	4,251
4,0	5,562	4,0	5,615	4,0	5,669
5,0	6,952	5,0	7,019	5,0	7,086
6,0	8,342	6,0	8,422	6,0	8,503
7,0	9,733	7,0	9,826	7,0	9,920
8,0	11,123	8,0	11,230	8,0	11,337
9,0	12,514	9,0	12,634	9,0	12,754
10,0	13,904	10,0	14,037	10,0	14,171

TABLE II

Pour passer du volume en grume au volume au quart sans déduction :

Au sixième déduit,
au cinquième déduit,
et réciproquement.

TABLE POUR PASSER

du VOLUME en grume	AU VOLUME		
	au 1/4 sans déduction.	au 1/6 déduit.	au 1/5 déduit.
m. c.	m. c.	m. c.	m. c.
1	0,785	0,545	0,503
2	1,571	1,091	1,005
3	2,356	1,636	1,508
4	3,142	2,182	2,010
5	3,927	2,727	2,513
6	4,712	3,272	3,016
7	5,498	3,818	3,518
8	6,283	4,363	4,021
9	7,068	4,909	4,523

TABLE POUR PASSER

du VOLUME au 1/4 sans déduction.	AU VOLUME		
	en grume.	au 1/6 déduit.	au 1/5 déduit.
m. c.	m. c.	m. c.	m. c.
1	1,273	0.694	0,640
2	2,546	1,389	1,280
3	3,819	2,083	1,920
4	5,093	2,778	2,560
5	6,366	3,472	3,200
6	7,638	4,166	3,840
7	8,911	4,861	4,480
8	10,186	5,555	5,120
9	11,459	6,250	5,760

TABLE POUR PASSER

du VOLUME au 1/6 déduit	AU VOLUME		
	en grume.	au 1/4 sans déduction.	au 1/5 déduit.
m. c.	m. c.	m. c.	m. c.
1	1,833	1,440	0,922
2	3,667	2,880	1,843
3	5,500	4,320	2,765
4	7,334	5,760	3,686
5	9,167	7,200	4,608
6	11,001	8,640	5,530
7	12,834	10,080	6,451
8	14,668	11,520	7,373
9	16,501	12,960	8,294

TABLE POUR PASSER

du VOLUME au 1/5 déduit	AU VOLUME		
	en grume.	au 1/4 sans déduction.	au 1/6 déduit.
m. c.	m. c.	m. c.	m. c.
1	1.989	1,562	1,085
2	3,979	3,125	2,170
3	5,968	4,687	3,255
4	7,958	6,250	4,340
5	9,947	7,812	5.425
6	11,936	9,375	6,511
7	13,926	10,937	7,596
8	15.915	12,500	8,681
9	17,905	14,062	9,766

TABLE III

Pour passer du prix du mètre cube en grume,
au prix du mètre cube au quart sans déduction:

Au sixième déduit,
au cinquième déduit
et réciproquement.

TABLE POUR PASSER				TABLE POUR PASSER			
du prix du mètre cube en grume	AU PRIX DU MÈTRE CUBE			du prix du mètre cube au 1/4 sans déduction	AU PRIX DU MÈTRE CUBE		
	au 1/4 sans déduction	au 1/6 déduit	au 1/5 déduit		en grume	au 1/6 déduit	au 1/5 déduit
1	1,273	1,833	1,989	1	0,785	1,440	1,562
2	2,546	3,667	3,979	2	1,571	2,880	3,125
3	3,819	5,500	5,968	3	2,356	4,320	4,687
4	5,093	7,334	7,958	4	3,142	5,760	6,250
5	6,366	9,167	9,947	5	3,927	7,200	7,812
6	7,638	11.001	11,936	6	4,712	8,640	9,375
7	8,9 11	12,834	13,926	7	5,498	10,080	10,937
8	10,186	14,668	15,915	8	6,283	11,520	12,500
9	11,459	16,501	17.905	9	7,068	12,960	14,062

TABLE POUR PASSER				TABLE POUR PASSER			
du prix du mètre cube au 1/6 déduit	AU PRIX DU MÈTRE CUBE			du prix du mètre cube au 1/5 déduit	AU PRIX DU MÈTRE CUBE		
	en grume	au 1/4 sans déduction	au 1/5 déduit		en grume	au 1/4 sans déduction	au 1/6 déduit
1	0,545	0,694	1,085	1	0,503	0,640	0,922
2	1,091	1,389	2,170	2	1,005	1,280	1,843
3	1,636	2,083	3,255	3	1,508	1,920	2,765
4	2,182	2,778	4,340	4	2,010	2,560	3,686
5	2,727	3,472	5,425	5	2,513	3,200	4,608
6	3,272	4,166	6,511	6	3,016	3,840	5,530
7	3,818	4,861	7,596	7	3,518	4,480	6,451
8	4,363	5,555	8,681	8	4,021	5,120	7,373
9	4,909	6,250	9,766	9	4,523	5,760	8,294

TABLE IV

Pour passer du volume en cheviron au volume en mètre cube en grume, et du volume en mètre cube en grume au volume en cheviron.

TABLE POUR CONVERTIR

LES CHEVIRONS EN MÈTRES CUBES.		LES MÈTRES CUBES EN CHEVIRONS.	
CHEVIRONS.	MÈTRES CUBES en grume.	MÈTRES CUBES en grume.	CHEVIRONS.
1	0,277	1	3,61
2	0,554	2	7,23
3	0,830	3	10,84
4	1,107	4	14,45
5	1,384	5	18,06
6	1,661	6	21,68
7	1,937	7	25,29
8	2,214	8	28,90
9	2,491	9	32,52
10	2,768	10	36,13

TABLE V

Pour passer du prix du cheviron au prix du mètre cube en grume.

TABLE POUR PASSER
du prix du cheviron au prix du mètre cube en grume.

PRIX.		PRIX.		PRIX.	
du cheviron.	du mètre cub.	du cheviron.	du mètre cub.	du cheviron.	du mètre cub.
fr. c.	fr. c.	fr. c.	fr. c.	fr. c.	fr. c.
4,00	14,45	13,00	46,97	22,00	79,49
4,50	16,26	13,50	48,77	22,50	81,29
5,00	18,07	14,00	50,58	23,00	83,10
5,50	19,87	14,50	52,39	23,50	84,90
6,00	21,68	15,00	54,20	24,00	86,71
6,50	23,48	15,50	56,00	24,50	88,51
7,00	25,29	16,00	57,81	25,00	90,33
7,50	27,10	16,50	59,60	25,50	92,13
8,00	28,90	17,00	61,42	26,00	93,94
8,50	30,71	17,50	63,23	26,50	95,74
9,00	32,52	18,00	65,03	27,00	97,55
9,50	34,32	18,50	66,84	27,50	99,36
10,00	36,13	19,00	68,65	28,00	101,16
10,50	37,94	19,50	70,45	28,50	102,97
11,00	39,74	20,00	72,26	29,00	104,78
11,50	41,55	20,50	74,07	29,50	106,58
12,00	43,36	21,00	75,87	30,00	108,39
12,50	46,16	21,50	77,68	30,50	110,20

TABLE VI

Donnant pour les bois feuillus sur pied crûs dans les taillis sous futaie, mais spécialement pour les chênes, leur volume en grume avec écorce, calculé d'après leur diamètre au milieu, diamètre établi au moyen des rapports suivants.

HAUTEUR de BOIS d'œuvre.	FACTEUR pour passer du diamètre à 1m 30 du sol au diamètre au milieu
mètre	
4	0,94
5	0,93
6	0,92
7	0,92
8	0,91
9	0,90
10	0,89
11	0,88
12	0,87
13	0,85
14	0,84
15	0,83
16	0,81
17	0,80

HAUTEUR.	DIAMÈTRE INDIQUÉ à 1m 30 du sol par le numéro du compas forestier.									HAUTEUR.
	3	4	5	6	7	8	9	10	11	12	
m.	m. c.	m. c.	m. c.	m. c.	m. c.	m. c.	m. c.	m. c.	m. c.	m. c.	m.
4	0,06	0,11	0,17	0,25	0,34	....	....	....	....	....	4
5	0,08	0,14	0,21	0,31	0,42	0,54	....	....	....	....	5
6	0,09	0,16	0,25	0,36	0,49	0,64	0,81	1,00	....	....	6
7	0,10	0,19	0,29	0,42	0,57	0,74	0,94	1,16	1,41	1,68	7
8	0,12	0,21	0,33	0,47	0,64	0,83	1,05	1,30	1,57	1,87	8
9	0,13	0,23	0,36	0,52	0,70	0,92	1,16	1,43	1,73	2,06	9
10	0,14	0,25	0,39	0,56	0,76	1,00	1,26	1,56	1,88	2,24	10
11	....	0,27	0,42	0,60	0,82	1,07	1,35	1,67	2,02	2,41	11
12	....	0,29	0,45	0,64	0,87	1,14	1,44	1,78	2,16	2,57	12
13	....	....	0,46	0,66	0,90	1,18	1,49	1,84	2,23	2,66	13
14	....	....	....	0,70	0,95	1,24	1,57	1,93	2,35	2,79	14
15	....	....	....	....	0,99	1,30	1,64	2,03	2,46	2,92	15
16	....	....	....	....	....	1,32	1,67	2,06	2,49	2,97	16
17	....	....	....	....	....	....	1,73	2,14	2,58	3,08	17
	3	4	5	6	7	8	9	10	11	12	
diamèt	0m,15	0m,20	0m,25	0m,30	0m,35	0m,40	0m,45	0m,50	0m,55	0m,60	diamèt
circonf	0,471	0,628	0,785	0,942	1,100	1,257	1,414	1,571	1,728	1,885	circonf

HAUTEUR.	DIAMÈTRE INDIQUÉ à 1m 30 du sol par le numéro du compas forestier.									HAUTEUR.
	13	14	15	16	17	18	19	20	21	22	
m.	m. c.	m. c.	m. c.	m. c.	m. c.	m. c.	m. c.	m. c.	m. c.	m. c.	m.
4	....	....	....	....	....	....	....	....	....	....	4
5	....	....	....	....	....	....	....	....	....	....	5
6	....	....	....	....	....	....	....	....	....	....	6
7	1,97	....	....	....	....	....	....	....	....	....	7
8	2,20	2,55	2,93	3,33	....	....	....	....	....	....	8
9	2,42	2,81	3,22	3,66	4,14	4,64	....	....	....	....	9
10	2,63	3,05	3,50	3,98	4,49	5,04	5,61	6,22	....	....	10
11	2,83	3,28	3,76	4,28	4,83	5,42	6,04	6,69	7,38	....	11
12	3,01	3,50	4,01	4,57	5,15	5,78	6,44	7,13	7,86	8,63	12
13	3,12	3,61	4,15	4,72	5,33	5,98	6,66	7,38	8,13	8,93	13
14	3,28	3,80	4,36	4,97	5,61	6,28	7,00	7,76	8,55	9,39	14
15	3,43	3,98	4,56	5,19	5,86	6,57	7,32	8,12	8,95	9,82	15
16	3,48	4,04	4,64	5,28	5,96	6,68	7,44	8,24	9,09	9,98	16
17	3,61	4,19	4,81	5,47	6,17	6,92	7,71	8,55	9,42	10,34	17

	13	14	15	16	17	18	19	20	21	22	
diamèt	0m,65	0m,70	0m,75	0m,80	0m,85	0m,90	0m,95	1m,00	1m,05	1m,10	diamèt
circonf	2,042	2,199	2,356	2,513	2,670	2,827	2,984	3,142	3,299	3,456	circonf

TABLE VII

Donnant pour les peupliers blancs, bouleaux, frênes et charmes sur pied dans les forêts de Saint-Amand et de Marchiennes, leur volume en grume, réel, c'est-à-dire cubé en plusieurs billes, au moyen des décroissances fictives suivantes :

CIRCONFÉRENCE à 1m 30 DU SOL.	DÉCROISSANCE fictive de la circonférence pour 1 mètre de hauteur
mètre	millimètre
0,628	34
0,785	37
0,942	40
1,100	46
1,257	53
1,414	56
1,571	57
1,728	58
1,885	63
2,042	66
2,199	70
2,356	71
2,513	72
2,670	74
2,827	75
2,984	76
3,142	82
3,299	84

HAUTEUR.	DIAMÈTRE INDIQUÉ à 1m 30 du sol, par le numéro du compas forestier.									HAUTEUR.
	4	5	6	7	8	9	10	11	12	
m.	m.c.	m.c.	m.c.	m.c.	m.c.	m.c.	m.c.	m.c.	m.c.	m.
7	0,17	0,28	0,41	.....	.....	.....	.....	.....	.....	7
8	0,18	0,30	0,44	0,61	0,79	1,02	1,28	1,57	.....	8
9	0,19	0,32	0,47	0,65	0,85	1,09	1,38	1,70	2,03	9
10	0,20	0,33	0,50	0,69	0,90	1,16	1,47	1,82	2,17	10
11	0,21	0,35	0,52	0,72	0,94	1,22	1,55	1,93	2,30	11
12	0,21	0,36	0,54	0,75	0,97	1,27	1,62	2,02	2,41	12
13	.....	0,36	0,56	0,77	1,00	1,30	1,68	2,10	2,51	13
14	.....	.....	0,57	0,78	1,02	1,34	1,73	2,17	2,59	14
15	.....	.....	.....	.....	1,03	1,36	1,77	2,23	2,66	15
16	.....	.....	.....	.....	1,04	1,37	1,80	2,28	2,73	16
17	.....	.....	.....	.....	.....	.....	.....	2,32	2,77	17
18	.....	.....	.....	.....	.....	.....	.....	2,35	2,81	18
19	.....	.....	.....	.....	.....	.....	.....	2,37	2,83	19
20	.....	.....	.....	.....	.....	.....	.....	2,38	2,84	20
21	.....	.....	.....	.....	.....	.....	.....	.....	2,85	21
22	.....	.....	.....	.....	.....	.....	.....	.....	.....	22
23	.....	.....	.....	.....	.....	.....	.....	.....	.....	23
	4	5	6	7	8	9	10	11	12	
diamèt.	0m,20	0m,25	0m,30	0m,35	0m,40	0m,45	0m,50	0m,55	0m,60	diamèt.
circonf.	0,628	0,785	0,942	1,100	1,257	1,414	1,571	1,728	1,885	circonf.

HAUTEUR.	DIAMÈTRE INDIQUÉ à 1m 30 du sol, par le numéro du compas forestier.								HAUTEUR.
	13	14	15	16	17	18	19	20	21	
m.	m. c.	m. c.	m. c.	m. c.	m. c.	m. c.	m. c.	m. c.	m. c.	m.
7	.....	.....	.....	.....	.....	.....	.....	.....	.....	7
8	.....	.....	.....	.....	.....	.....	.....	.....	.....	8
9	2,40	2,79	3,25	3,72	.....	.....	.....	.....	.....	9
10	2,57	2,99	3,49	4,02	4,57	.....	.....	.....	.....	10
11	2,73	3,18	3,71	4,28	4,87	.....	.....	.....	.....	11
12	2,86	3,34	3,90	4,52	5.15	.....	.....	.....	.....	12
13	2,99	3,48	4,08	4,73	5,40	.....	.....	.....	.....	13
14	3,09	3,61	4,24	4,93	5,63	.....	.....	.....	.....	14
15	3,18	3,72	4,38	5,10	5,84	.....	.....	.....	.....	15
16	3,26	3,81	4,50	5,25	6,02	.....	.....	.....	.....	16
17	3,32	3,89	4,61	5,38	6,18	7,08	8.02	.....	.....	17
18	3,37	3,95	4,69	5,50	6,32	7,25	8,24	9,03	.....	18
19	3,41	3,99	4,76	5,59	6,43	7,40	8,43	9,22	.....	19
20	3,43	4,02	4,81	5,67	6,53	7,53	8,59	9,39	.....	20
21	3,44	4,04	4,85	5,73	6,61	7,63	8,72	9,53	10,66	21
22	.....	4,04	4,87	5,77	6,67	7,72	8,84	9,64	10,80	22
23	.....	.....	4,87	5,79	6,71	7,78	8,93	9,73	10,92	23
	13	14	15	16	17	18	19	20	21	
diamèt.	0m,65	0m,70	0m,75	0m,80	0m,85	0m,90	0m,95	1m,00	1m,05	diamèt.
circonf.	2,042	2,199	2,356	2,513	2,670	2,827	2,984	3,142	3,299	circonf.

TABLE VIII

Donnant pour les chênes sur pied dans les forêts de Saint-Amand et de Marchiennes, leur volume en grume, sous écorce et réel, c'est-à-dire cubé en plusieurs billes, au moyen des bases suivantes :

CIRCONFÉRENCE SUR ÉCORCE à 1m 30 du sol.	CIRCONFÉRENCE SOUS ÉCORCE à 1m 30 du sol.	DÉCROISSANCE fictive de la circonférence sous écorce pour 1 mètre de hauteur.
mètre	mètre	millimètre.
0,628	0,572	29
0,785	0,724	36
0,942	0,875	39
1,100	1,027	43
1,257	1,174	45
1,414	1,327	53
1,571	1,479	54
1,728	1,633	60
1,885	1,780	63
2,042	1,922	65
2,199	2,065	66
2,356	2,218	73
2,513	2,373	78
2,670	2,520	81
2,827	2,667	83
2,984	2,819	86
3,142	2,972	87
3,299	3,119	105
3,456	3,266	110
3,613	3,413	116

HAUTEUR.	DIAMÈTRE SUR ÉCORCE à 1m 30 du sol, indiqué par le numéro du compas forestier										HAUTEUR.
	4	5	6	7	8	9	10	11	12	13	
m.	m. c.	m. c.	m. c.	m. c.	m. c.	m. c.	m. c.	m. c.	m. c.	m. c.	m.
6	0,13	0,21	0,31	....	....	....	....	....	....	....	6
7	0,14	0,23	0,35	0,48	....	....	....	....	....	....	7
8	0,15	0,25	0,38	0,53	0,71	0,89	....	....	....	....	8
9	0,16	0,27	0,40	0,57	0,76	0,96	1,22	1,49	1,78	2,10	9
10	0,17	0,28	0,42	0,60	0,81	1,02	1,30	1,58	1,90	2,25	10
11	0,18	0,29	0,44	0,63	0,85	1,07	1,37	1,67	2,01	2,38	11
12	....	0,29	0,46	0,65	0,89	1,11	1,43	1,74	2,10	2,50	12
13	....	....	0,47	0,67	0,91	1,14	1,49	1,81	2,18	2,60	13
14	....	....	....	0,68	0,94	1,17	1,53	1,86	2,25	2,68	14
15	....	....	....	....	0,96	1,19	1,56	1,90	2,30	2,75	15
16	....	....	....	....	....	....	....	1,93	2,35	2,82	16
17	....	....	....	....	....	....	....	....	....	....	17
18	....	....	....	....	....	....	....	....	....	....	18
	4	5	6	7	8	9	10	11	12	13	
diamèt	0m,20	0m,25	0m,30	0m,35	0m,40	0m,45	0m,50	0m,55	0m,60	0m,65	diamèt
circonf	0,628	0,785	0,942	1,100	1,257	1,414	1,571	1,728	1,885	2,042	circonf

HAUTEUR.	DIAMÈTRE SUR ÉCORCE à 1m 30 du sol, indiqué par le numéro du compas forestier									HAUTEUR.
	14	15	16	17	18	19	20	21	22	23	
m.	m. c.	m. c.	m. c.	m. c.	m. c.	m. c.	m. c.	m. c.	m. c.	m. c.	m
6	....	....	....	....	....	....	....	....	....	....	6
7	....	....	....	....	....	....	....	....	....	....	7
8	....	....	....	....	....	....	....	....	....	....	8
9	2,46	2,82	....	....	....	....	....	....	....	....	9
10	2,64	3,02	3,46	3,93	4,43	4,98	5,59	....	....	....	10
11	2,80	3,20	3,66	4,16	4,70	5,29	5,95	6,28	....	....	11
12	2,94	3,36	3,84	4,37	4,95	5,57	6,27	6,59	....	....	12
13	3,07	3,49	4,00	4,56	5,17	5,82	6,57	6,85	....	....	13
14	3,18	3,62	4,14	4,72	5,36	6,04	6,83	7,08	7,76	....	14
15	3,27	3,72	4,26	4,86	5,53	6,24	7,07	7,27	7,97	8,66	15
16	3,35	3,81	4,36	4,98	5,67	6,41	7,27	7,43	8,14	8,85	16
17	3,42	3,87	4,44	5,08	5,79	6,55	7,45	7,55	8,28	8,99	17
18	....	3,93	4,50	5,15	5,89	6,66	7,59	7,65	8,38	9,10	18
	14	15	16	17	18	19	20	21	22	23	
diamèt	0m,70	0m,75	0m,80	0m,85	0m,90	0m,95	1m,00	1m,05	1m,10	1m,15	diamèt
circonf	2,199	2,356	2,513	2,670	2,827	2,984	3,142	3,299	3,456	3,613	circonf

OUVRAGES DU MÊME AUTEUR

RECHERCHES SUR LES TAILLIS SOUS FUTAIE

Brochure in-8º de 60 pages et 2 planches, 1860

UTILITÉ DES ASSOLEMENTS FORESTIERS

Brochure in-8º de 48 pages, 1861

MANUEL DU DÉFRICHEMENT DES FORÊTS

Volume in-8º de 180 pages et 1 tableau, 1865

RÈGLEMENT DU BALIVAGE DANS UNE FORÊT PARTICULIÈRE

Brochure in-8º de 64 pages, 1865

OBSERVATIONS SUR LA VENTE DES FORÊTS DE L'ÉTAT

Brochure in-8º de 12 pages, 1865

OBSERVATIONS sur le SYSTÈME D'ÉLAGAGE de COURVAL et des CARS

Brochure in-18 de 16 pages, 1869

NOTE SUR L'ÉLAGAGE DES ARBRES FORESTIERS

Brochure in-18 de 10 pages, 1872

EN VENTE

A la librairie agricole, rue Jacob, 26, Paris

www.ingramcontent.com/pod-product-compliance
Lightning Source LLC
Chambersburg PA
CBHW070247100426
42743CB00011B/2168